成本管理会计
学习指导（第四版）

主　编　胡国强　陈春艳
副主编　马英华　刘永东

CHENGBEN GUANLI KUAIJI
XUEXI ZHIDAO

西南财经大学出版社
Southwestern University of Finance & Economics Press

图书在版编目(CIP)数据

成本管理会计学习指导/胡国强,陈春艳主编. —4 版. —成都:西南财经大学出版社,2016.1(2019.1重印)
ISBN 978-7-5504-2266-7

Ⅰ.①成⋯ Ⅱ.①胡⋯②陈⋯ Ⅲ.①成本会计—高等学校—教学参考资料 Ⅳ.①F234.2

中国版本图书馆 CIP 数据核字(2015)第 300020 号

成本管理会计学习指导(第四版)

主 编:胡国强 陈春艳
副主编:马英华 刘永东

责任编辑:孙 婧
助理编辑:傅倩宇
封面设计:杨红鹰 张姗姗
责任印制:朱曼丽

出版发行	西南财经大学出版社(四川省成都市光华村街 55 号)
网 址	http://www.bookcj.com
电子邮件	bookcj@foxmail.com
邮政编码	610074
电 话	028-87353785 87352368
照 排	四川胜翔数码印务设计有限公司
印 刷	郫县犀浦印刷厂
成品尺寸	148mm×210mm
印 张	8.75
字 数	225 千字
版 次	2016 年 1 月第 4 版
印 次	2019 年 1 月第 6 次印刷
印 数	14201— 17200 册
书 号	ISBN 978-7-5504-2266-7
定 价	19.80 元

前　言

随着中国高等教育规模的扩张，教育质量潜在的忧患不言而喻，为此，教育主管部门及各大高等院校及时采取了各种有效措施，以保证教育质量的稳定与提高。其中，开展高等院校精品课程建设就是一项有效的教育质量管理措施。成本管理会计课程作为财经类专业的公共专业基础课程在整个课程体系中居于十分重要的地位，因此，许多财经院校和综合性大学的商学院都在积极开展该门课程的建设。正是在这一背景下，广西财经学院成本管理会计精品课程建设小组和校外实务专家联合开发了成本管理会计教材、辅导书、教学课件，并相继出版了第一版、第二版和第三版。为了适应经济形势的变化，广西财经学院成本管理会计精品课程建设小组正式出版成本管理会计（第四版）。其目的在于优化教学内容、创新教学方法、提高教学质量。

成本管理会计学习指导（第四版）是成本管理会计（第四版）教材的配套教材，它是各位编写成员多年教学经验的梳理和总结，同时，参考了兄弟院校和专家的研究成果。书中内容结构按照学习目标、本章重点与难点、同步训练和同步训练答案四个组成部分分章展开。其目的是让学生了解各章学习的目标、重点与难

前　言

点，并配有相应的习题，以加深对所学知识的理解，达到温故而知新的效果。

广西财经学院会计学院教授胡国强博士负责本书的总体设计、大纲制定、修改、定稿，并撰写第1、7、9章；广西财经学院会计学院陈春艳副教授和钟莉讲师撰写第2、3章；广西财经学院会计学院马英华教授和李文成讲师撰写第4、6章；广西财经学院会计学院刘永东副教授撰写第5章；广西财经学院会计学院胡国强教授和刘永东副教授撰写第8章。

本书作者是长期工作在成本会计和管理会计教学一线的专业教师，具有多年的教学经验，积累了丰硕的教学经验和科研成果。在共同讨论、反复研究的基础上设计了全书的内容纲要。在写作过程中翻阅了大量中外各种版本的成本会计、管理会计和成本管理会计教材，取长补短、去粗取精，精心组织了各章节的内容。同时，教材内容也吸收了作者与理论界成熟的科研成果，进一步丰富和完善了成本管理会计的教学内容体系。

在本书出版之际，感谢西南财经大学出版社领导；感谢广西财经学院精品课程项目的资助；感谢曾经参与本书讨论、提出宝贵意见的各位同仁与朋友；感谢广西财经学院会计学院

前言　2015 级研究生王元凯和黄羚二位同学对教材所做的校对工作。书中疏漏之处，敬请广大读者提出批评指正。

编　者

2015 年 11 月于广西南宁

目 录

目 录

目　录

第一章
导论

一、学习目的

通过本章学习，主要达到以下目的：

1. 了解成本管理会计的发展史；
2. 理解成本和成本管理的内涵；
3. 掌握成本的相关概念；
4. 理解成本的不同分类；
5. 了解成本管理发展的历程；
6. 理解成本管理会计系统的设计。

二、重点和难点

（一）经济学、管理学和会计学对成本内涵的理解

透视经济学、管理学和会计学对成本内涵的理解，可以得出以下结论：

（1）马克思的成本定义深刻地揭示了成本概念本质的经济内涵。使我们认识到，成本是耗费和补偿的统一体，我们应以资本耗费的价值部分作为成本计量研究的理论依据，同时应以成本价值的补偿尺度作为成本计量研究的实际出发点。

（2）会计学的成本概念更强调成本计量属性。因此，会计学所指的成本概念必须是可计量和可用货币表示的。传统的财务会计受制于外部报表使用者对会计信息的要求，将成本理解为企业为了获得营业收入而发生的耗费。管理会计扩展了成本的内涵和外延，将成本视为达到某一个特定目标所失去或放弃的一切可以用货币计量的耗费。

（3）经济学、管理学和会计学科所定义的不同的成本概念，是出于各自学科的研究目的不同。经济学研究的是稀缺资源条件下经济运行规律，因此更强调揭示成本的经济内涵；管理学研究的是如何提高组织的管理效益，因此更重视描述成本的形成动因和过程；而会计学的核心问题是计量，因此会计学更注重从计量方面来界定成本的概念。

（4）成本是一个动态发展的概念。从经济学角度看，马克思把成本表述为对象于商品体的物化劳动和活劳动归结的价值，这一经典论述揭示了成本概念的本质内涵。但是这种归结的价值是无法直接计量的。西方古典经济学通过商品和包括劳动力在内的各种生产要素在市场上表现出来的交换价值来表示成本，把商品的生产成本理解为：生产成本＝使用的生产要素的收入＝土地的地租+资本财货的利息+劳动的工资+企业主营利润。新制度学派经济学家科斯发展了成本概念，提出"交易费用"（成本）理论，将成本的外延从商品成本扩展到包括组织的交易成本在内的广义成本。

（二）成本的分类

（1）成本从理论层次上进行分类，可以分为宏观经济成本和微观经济成本。

（2）成本从企业产品或项目的内部"成本链"进行分类，可以分为设计层成本、供应层成本、生产层成本、销售层成本。

（3）成本从企业的管理层面上进行分类，可以分为战略层成本、战术层成本和作业层成本。

（4）成本按照其在经济工作中的作用进行分类，可以分为财务成本、管理成本和技术经济成本三类。

（5）根据成本管理的实际需要，要素层次上的成本可以按照以下几种不同的标准进行分类：①生产费用按经济内容分类；②生产费用按经济用途分类；③按生产费用计入企业成本的程序分类；④按生产费用计入企业成本的方法分类；⑤按生产费用与生产经营活动的关系分类；⑥按成本习性或者成本性态分类。

（三）成本管理的发展历程

成本管理的发展历程可以分为四个历史阶段：①19世纪中期以前；②19世纪中期至20世纪40年代；③20世纪50~90年代；④20世纪90年代至今。

1. 19世纪中期以前：简单成本计算时代

这个时期成本管理的特征主要表现为：①成本管理主体是手工业作坊业主；②成本管理目标主要体现为产品价格的确定和年末损益的计算两个方面；③成本管理空间范围主要在狭义的生产环节；④成本管理时间范围只限于事后的成本计算；⑤成本管理基本没有采用什么科学的管理方法，只是对员工现场监督，防止员工的偷懒和浪费。

2. 19世纪中期至20世纪40年代：生产导向型成本管理时代

这个时期成本管理的特征主要表现为：①成本管理主体是所有者和企业管理当局；②成本管理目标主要体现为通过制定标准成本的手段对生产过程进行控制，以达到降低成本和提高利润的效果；③成本管理空间范围已经扩展到企业内部的各个环节，主要涉及企业供、产、销三大环节；④成本管理时间范围从事后延伸到事中和事前，但仍以事中和事后为主；⑤成本管理技法逐渐丰富起来，表现以标准成本管理为主，同时还创造性地提出和使用了一些成本管理方法，如定额成本管理、预算管理控制等。

3

3. 20 世纪 50~90 年代：市场导向型成本管理时代

这个时期成本管理的特征主要表现为：①成本管理主体已经扩展到每一个员工，成本管理已经成为一种"全员"式成本管理；②成本管理目标已经转变为通过不同的成本管理方法对企业整个经营过程进行成本策划、成本控制、成本分析与考核，求得降低成本或提高成本效益以达到"顾客满意"，从而使企业的利润得到提高；③成本管理空间范围已经从企业内部的各个环节扩展到与企业所涉及的有关方面，"全过程"式成本管理基本上得以形成；④成本管理时间范围已经从事中控制成本、事后计算和分析成本转移到事前如何预测、决策和规划成本，出现了以事前控制成本为主的成本管理新阶段，"全时序"式成本管理也基本上得以形成；⑤成本管理方法又一次得到了丰富，比如目标成本管理（含成本企划）、责任成本管理、质量成本管理、作业成本管理等成本管理技法的形成和应用，但各种成本管理技法缺乏一定的相互融合性。

4. 20 世纪 90 年代至今：战略导向型成本管理时代

这个时期的成本管理的特征主要表现为：①成本管理主体仍然是企业所有者、管理当局和每一个员工，成本管理已经成为一种相对完善的"全员"式成本管理；②成本管理目标已经由降低成本或提高成本效益向取得持久的成本竞争优势转变；③成本管理空间范围已经从企业的内部价值链方面逐渐扩展到企业的纵向价值链（企业的上下游）和横向价值链（竞争对手之间）方面，"全过程"式的成本管理得到进一步地发展和完善；④成本管理时间范围已经向产品整个生命周期延伸，"全时序"式的成本管理也得到了进一步地发展和完善；⑤成本管理方法主要是对上一阶段管理技法的修补和完善，但也逐渐出现各种成本管理方法融合式研究的倾向。国内陈胜群博士和栾庆伟博士对此就进行了有益的尝试。

（四）成本管理会计系统设计

1. 成本管理的内涵

成本管理是在满足企业总体经营目标的前提下，持续地降低成本或提高成本效益的行为。该行为包括成本策划、成本核算、成本控制和业绩评价四个主要环节，而且涉及企业的战略、战术和信息管理各个领域。该定义明确了企业成本管理的战略目标是满足企业总体经营目标、具体目标是持续地降低成本或提高成本效益，通过对成本管理战略目标和战术目标的界定，说明成本管理不仅是战术性的，而且也是战略性的；定义指出，成本管理目标是通过成本策划、成本核算、成本控制和业绩评价等行为来实现的，这一点说明成本管理贯穿事前、事中和事后；同时，定义还指出了成本管理行为涉及企业的战略、战术和信息管理各个领域，这一点说明成本管理是一项系统工程。

2. 成本管理会计系统构成

成本管理会计系统是会计系统的一个子系统，其本身又由成本策划、成本控制、成本核算和业绩评价四个子系统所构成，它为企业的成本管理活动提供信息支持。成本管理会计系统有其特定的目标、结构、功能、特征、组织和规范。

（1）成本管理会计的总体目标是为企业的整体经营目标服务的。具体来讲，成本管理会计就是为企业内外部的利益相关者提供决策有用的成本信息以及通过各种经济、技术和组织手段对企业的成本进行策划、控制和评价，以实现取得成本竞争优势目的。

（2）成本管理会计系统由成本策划、成本核算、成本控制和业绩评价四个子系统构成，所以其具体目标也是由其成本策划、成本核算、成本控制和业绩评价四个子系统分别来实现，表现为成本策划的目标、成本核算的目标、成本控制的目标和业绩评价的目标。①成本策划的目标是为企业未来成本战略、规划和策略的决策做定性描述、定量测算和逻辑推断；②成本核算的目标是为企业利益相关者提供决策有用的成本信息；

5

③成本控制的目标是在一定的成本战略、规划和策略的指导下，不断地降低成本水平和提高成本效益；④业绩评价的目标是对成本管理的各个环节进行动态的衡量，考核其目标完成程度，为决策者进行奖惩提供有关成本信息。

（3）成本管理会计的结构即成本管理会计的内容，是指对企业的生产经营过程中的资金耗费和价值补偿，进行策划、核算、控制和评价的一系列价值管理的内容。它主要包括成本策划、成本控制、成本核算和业绩评价四个子系统。

（4）成本管理会计的功能是指成本管理会计系统对企业经营管理环境的改造力和改造作用，是成本管理会计系统对企业经营管理环境的输入和输出函数。为管理和决策提供有用的信息与参与企业的经营管理既是成本管理会计的分目标，也是成本管理会计的基本功能。要实现成本管理会计的基本功能，成本管理会计应该具备策划、核算、控制、评价和报告等具体功能。

（5）成本管理会计系统具有目的性、集合性、相关性、整体性、动态性、适应性等特征。

（6）成本管理会计工作组织和规范是建立成本管理会计工作的正常秩序、实现成本管理会计系统目标的重要保证。成本管理会计工作的内容十分丰富，程序比较复杂、涉及面广、业务性强，如果没有专门的机构和人员负责，以及相应的规范来维持，就无法履行成本管理会计的职能，更无法实现成本管理会计系统的目标。为了把成本管理会计工作科学组织起来，为了很好地实现成本管理会计系统的目标，我们必须按照国家有关制度的要求，结合企业的实际情况，设置精干而有效的成本管理会计机构，配备权责对等的成本管理会计人员，建立健全行之有效的成本管理会计规范。

三、同步训练

（一）单项选择题

1. 下列各项中，属于马克思的价值学说计算的成本是（　　）。

    A. C+M   B. V+M

    C. C+V   D. C+V+M

2. 下列各项中，属于混合成本的是（　　）。

    A. 折旧   B. 直接人工

    C. 直接材料   D. 管理费用

3. 下列各项中，属于战术层面的成本是（　　）。

    A. 行业成本   B. 设计成本

    C. 质量成本   D. 产成品成本

4. 下列各项中，属于成本管理会计的最基本的职能是（　　）。

    A. 成本策划   B. 成本核算

    C. 成本控制   D. 业绩评价

5. 下列各项中，属于成本管理会计的中心任务是（　　）。

    A. 进行成本预测和决策

    B. 制定目标成本，编制成本计划

    C. 根据有关法规、控制成本费用

    D. 利用核算资料促使企业降低成本、费用、改进生产经营管理，提高经济效益

6. 下列各项中，属于制定成本管理会计的法律和制度应遵循的原则是（　　）。

    A. 统一领导   B. 一致性

    C. 可比性   D. 客观性

7. 下列各项中，属于企业进行成本管理会计工作具体直接的依据是（　　）。

A. 企业会计制度

B. 各项具体会计准则

C. 企业的成本会计制度、规程或办法

D.《企业财务会计通则》和《企业会计准则》

8. 下列各项中，属于经济学的成本范畴的是（　　）。

    A. 直接成本　　　　　　B. 间接成本

    C. 战略成本　　　　　　D. 交易成本

9. 下列各项中，属于企业产品制造成本费用是（　　）。

    A. 直接人工　　　　　　B. 管理费用

    C. 销售费用　　　　　　D. 财务费用

10. 下列各项中，属于企业产品综合要素成本的是（　　）。

    A. 直接人工　　　　　　B. 直接人工

    C. 其他直接支出　　　　D. 制造费用

（二）多项选择题

1. 下列各项中，属于西方经济学范畴的成本有（　　）。

    A. 不变资本　　　　　　B. 可变成本

    C. 交易费用　　　　　　D. 机会成本

2. 下列各项中，属于成本的经济实质有（　　）。

    A. 已耗费生产资料的转移价值

    B. 劳动者为自己劳动创造的价值

    C. 劳动者为社会劳动创造的价值

    D. 企业在生产过程中耗费的资金总和

3. 下列各项中，属于成本主要作用的是（　　）。

    A. 补偿生产耗费的尺度

    B. 综合反映企业工作质量的重要指标

    C. 企业对外报告的主要内容

    D. 制定产品价格的重要因素和进行生产经营决策的重要依据

4. 下列各项中，属于成本管理会计反映和监督内容的有（　　）。

A. 利润的实际分配

B. 产品销售收入的实现

C. 各项期间费用的支出及归集过程

D. 各项生产费用的支出和产品生产成本的形成

5. 下列各项中，属于成本管理会计任务的有（　　　　）。

A. 正确及时进行成本核算

B. 制定目标成本，编制成本计划

C. 分析和考核各项消费定额和成本计划的执行情况和结果

D. 根据成本计划，相关定额和有关法规制度，控制各项成本费用

6. 下列各项中，属于成本管理会计职能的有（　　　　）。

A. 成本策划　　　　　　　　B. 成本核算

C. 成本控制　　　　　　　　D. 业绩评价

7. 下列各项中，属于直接费用成本的有（　　　　）。

A. 直接材料　　　　　　　　B. 直接人工

C. 制造费用　　　　　　　　D. 管理费用

8. 下列各项中，属于利得和损失的有（　　　　）。

A. 管理费用　　　　　　　　B. 销售费用

C. 营业外收入　　　　　　　D. 营业外支出

9. 下列各项中，属于技术经济成本的有（　　　　）。

A. 功能成本　　　　　　　　B. 设计成本

C. 质量成本　　　　　　　　D. 投资成本

10. 下列各项中，属于基本费用成本的有（　　　　）。

A. 直接材料　　　　　　　　B. 直接人工

C. 制造费用　　　　　　　　D. 管理费用

（三）判断题

1. 从理论上讲，成本是商品生产中耗费的活劳动和物化劳动的货币表现。　　　　　　　　　　　　　　　　　　（　　）

2. 会计学的成本概念更强调成本的计量属性，必须是可计

量和可用货币表示的。　　　　　　　　　　　　　　（　　）

3. 设计层成本是指为准备生产产品的而发生的资金耗费。
　　　　　　　　　　　　　　　　　　　　　　　　（　　）

4. 战术层成本是指产品生产执行层面具体活动所引起的资源耗费的一种货币表现成本。　　　　　　　　　（　　）

5. 基本费用成本是指由生产经营活动自身引起的各项费用汇集而成的成本费用项目。　　　　　　　　　（　　）

6. 成本控制的目标是为企业利益相关者提供决策有用的成本信息。　　　　　　　　　　　　　　　　（　　）

7. 成本是综合反映企业工作质量的重要指标。　（　　）

8. 成本管理会计应该具备策划、核算、控制、评价和报告等具体功能。　　　　　　　　　　　　　　　（　　）

9. 单位固定成本随业务量的增加或减少而呈正比例变动。
　　　　　　　　　　　　　　　　　　　　　　　　（　　）

10. 成本管理对象是广泛的，包括企业与成本有关的一切管理活动。　　　　　　　　　　　　　　　　（　　）

（四）计算分析题

1. 请您根据表 1-1 中的资料，计算会计学界定资产、费用和损失的金额。

表 1-1　　　　　　　某企业部分账户资料　　　　　单位：万元

项目	金额
交易性金融资产	10
应收账款	100
主营业务成本	4 000
库存商品	2 000
原材料	6 000
营业外支出	50
财务费用	100
公允价值变动损益	20
资产减值损失	600

2. 请您根据表 1-2 中的资料，分别计算单要素费用和综合要素费用、直接费用和间接费用、基本费用和一般费用的金额。

表 1-2　　　　　　　　**某企业部分费用资料**　　　　单位：万元

项目	金额
直接材料	1 000
直接薪酬	400
制造费用	600
管理费用	200
财务费用	100
营业费用	80

（五）思考题

1. 辨析经济学成本和会计学成本的内涵和外延。
2. 辨析管理学成本和会计学成本的内涵与外延。
3. 辨析成本管理会计与管理会计的内涵与外延。
4. 辨析成本管理会计职能之间的关系。
5. 辨析成本管理会计机构、人员与规范之间的关系。

四、同步训练答案

（一）单项选择题

1. B　　2. D　　3. C　　4. B　　5. D　　6. A
7. C　　8. D　　9. A　　10. D

（二）多项选择题

1. CD　　2. AB　　3. ACD　　4. CD　　5. ABCD
6. ABCD　　7. AB　　8. CD　　9. ABCD　　10. AB

（三）判断题

1. √   2. √   3. ×   4. ×   5. √   6. ×

7. √   8. √   9. ×   10. √

（四）计算分析题

1.

资产＝10+100+2 000+6 000＝8 110（万元）

费用＝4 000+100＝4 100（万元）

损失＝50+20+600＝670（万元）

2.

单要素费用＝1 000+400＝1 400（万元）

综合要素费用＝600+200+100+80＝980（万元）

直接费用＝1 000+400＝1 400（万元）

间接费用＝600（万元）

基本费用＝1 000+400＝1 400（万元）

一般费用＝600+200+100+80＝980（万元）

（五）思考题

答案（略）。

第二章
成本核算的基本原理

一、学习目的

通过本章学习，主要达到以下目的：

1. 了解成本核算的基本要求、一般程序、账簿设置和期间费用的核算；

2. 掌握要素费用的归集和分配；

3. 掌握完工产品与在产品之间成本分配的方法。

二、重点和难点

成本核算的基本知识 { 成本核算基本要求　成本核算程序　成本核算的账户设置

要素费用的归集和分配 {

概述 { 含义和种类　归集原则　分配原则、方式

横向分配 { 材料费用的归集和分配　外购动力的归集和分配　薪酬费用的归集和分配　辅助费用的归集和分配　制造费用的归集和分配

纵向分配——生产费用在完工产品与在产品之间的归集和分配

（一）成本核算的基本要求

成本核算的基本要求包括：①正确划分生产经营费用与非生产经营费用；②正确划分生产费用和期间费用的界限；③正确划分各期成本费用的界限；④正确划分各种产品成本的界限；⑤正确划分在产品成本与完工产品成本的界限。

（二）要素费用的分配

要素费用分配基本原则：谁受益、谁负担、受益多负担多。
要素费用分配方式如表 2-1 所示。

表 2-1　　　　　　　　　　要素费用的分配方式

受益对象	1 个	N≥2 个
费用计入方式	直接计入基本生产成本的该种产品明细账的有关成本项目。	应采用适当的分配方法，分配计入各种产品成本明细账的有关项目。
分配程序		1. 选择合适的分配标准 选择合适的分配标准是保证分配结果合理、准确的前提条件，必须遵循"合理、简便"的原则同时兼顾费用的性质和特点加以考虑。 2. 分配方法 根据选择的分配标准确定相应的分配方法，并以此命名。分配间接计入费用的计算公式可概括为： $$费用分配率=\dfrac{待分配费用总额}{各受益对象分配标准之和}$$ $$\begin{aligned}某受益对象\\应负担的费用\end{aligned}=\begin{aligned}该对象的\\分配标准\end{aligned}\times 费用分配率$$ 3. 填制要素费用分配表

（三）直接材料费用的分配

直接材料费用是指直接用于产品生产的材料费用。其中，构成产品实体并能直接确定归属对象的材料费用，应直接计入各产品成本明细账的"直接材料"成本项目，此时的材料费用属于直接计入费用；对于几种产品或其他几个成本对象共同耗费的材料费用，则需选择适当的分配标准分配计入各产品成本明细账的"直接材料"成本项目中，此时的材料费用属于间接计入费用。

在直接材料费的分配中，对于几个对象共同耗费的材料费用，如果数量较少，金额不大的，根据重要性原则，可以采用简化的分配方法，即全部记入"制造费用"中，以省去一些复杂的计算分配工作。

材料费用分配时需要选择合适的分配标准，分配的标准通常可以采用产品的重量、体积、产量等比例进行分配，在材料消耗定额比较准确的情况下，也可以按材料的定额耗用量或定额成本的比例进行分配。分配标准的选择，要坚持关系密切、分配合理、核算简便、相对稳定的原则。较具代表性的分配方法如下：

1. 定额耗用量比例分配法

定额耗用量比例分配法是按各种产品所耗原材料定额耗用量比例分配材料费用的一种方法，它一般在各项材料耗用定额健全且比较准确的情况下采用。其计算公式为：

$$\frac{\text{材料费用}}{\text{分配率}} = \frac{\text{材料实际总耗用量×材料单价}}{\text{各种产品材料定额耗用量之和}}$$

$$\text{某产品应分配的材料费用} = \text{该产品材料定额耗用量} × \text{材料费用分配率}$$

2. 定额成本比例分配法

定额成本比例分配法是按照产品所耗材料定额成本分配材料费用的一种方法，它一般适用于几种产品共同耗用几种材料的情况下采用。其计算公式为：

$$\text{某产品材料定额成本} = \text{该产品实际产量} × \text{单位产品材料定额成本}$$

$$\frac{材料定额成}{本分配率} = \frac{各种产品实际材料费用总额}{各种产品材料定额成本之和}$$

$$\begin{matrix}某产品应分配\\的材料费用\end{matrix} = \begin{matrix}该产品材料\\定额成本\end{matrix} \times \begin{matrix}材料定额成本\\分配率\end{matrix}$$

（四）辅助生产费用分配的交互分配法、计划成本法、代数分配法

1. 交互分配法

采用交互分配法时，交互分配率应按待分配费用除以产品、劳务总量计算；进行对外分配费用时，其待分配费用应按交互分配前的费用，加上交互分配转入的费用，减去交互分配转出的费用计算。对外分配率，应按对外分配的费用除以外部耗用量计算。其计算公式为：

$$交互分配率 = \frac{分配前费用}{产品、劳务总量（小于实际单位成本）}$$

某辅助车间负担的费用＝该辅助车间耗用量×交互分配率

对外分配费用＝分配前费用＋交互分配转入费用－交互分配
转出费用

$$对外分配率 = \frac{对外分配费用}{外部耗用量}$$

某外部受益对象负担的费用＝该对象耗用量×对外分配率

2. 计划成本法

采用这种方法，费用的交互分配和对外分配都按辅助生产劳务或产品的计划单位成本和劳务数量分配，因而交互分配和对外分配是一次完成的。按计划成本分配以后，各辅助生产车间的实际成本，应该根据待分配费用的小计数，加上按计划单位成本交互分配转入的费用计算求出。由于各辅助生产车间的实际成本不是对外分配的待分配费用，因而不应该像采用交互分配法时计算对外待分配费用那样，再减去交互分配转出的费用。从理论上说，按计划成本分配以后计算出的辅助生产成本差异，还应在各受益单位之间进行追加分配。只有这样，才能计算出各受益单位所应负担的实际辅助生产费用。但是，为了简化费用分配工作，也为了使各受益单位所负担的辅助生产费用多少不受辅助生产成本高低的影响，便于进行各该单位的成本分析和考核，辅助生产的成本差异，不进行追加分配，而全部计入"管理费用"科目。

3. 代数分配法

代数分配法是先根据数学上解联立方程的原理，计算出辅助生产单位产品和劳务的实际单位成本，再按照产品和劳务的实际供应量和实际单位成本，在全部受益对象之间分配辅助生产费用的方法。

（五）生产费用在完工产品与在产品之间的分配

1. 有哪些分配方法？

生产费用在完工产品与在产品之间的分配可遵循的基本计算公式为：

$$月初在产品费用+本月生产费用=本月完工产品成本+月末在产品成本$$

公式的前两项是已知数，后两项是未知数，前两项的费用之和，在完工产品和月末在产品之间采用一定的方法进行分配。分配的方法可以归纳为两种：①先计算确定月末在产品成本，然后倒算出完工产品成本；②将公式前两项之和按照一定比例在完工产品和月末在产品之间进行分配，同时求得完工产品成本和月末在产品成本。

生产费用在完工产品与在产品之间分配的具体方法主要有不计算在产品成本法、按年初数固定计算在产品成本法、在产品按所耗原材料费用计价法、约当产量比例法、在产品按完工产品成本计算法、在产品按定额成本计价法和定额比例法七种。

2. 如何选择分配方法？

企业应根据其在产品数量的多少、各月在产品数量变化的大小、各种费用比重的大小，以及定额管理基础好坏等具体条件和实际情况，选择既合理又简便的分配方法。

3. 需要重点理解掌握的方法

（1）约当产量法。它是指将月末结存的在产品数量，按其完工程度折合成约当产量，然后再将产品应负担的全部生产费用，按完工产品产量和在产品约当产量的比例进行分配的一种方法。这种方法的计算公式为（按照计算的顺序）：

月末在产品约当产量＝月末在产品产量×在产品完工程度

$$费用分配率＝\frac{本月某项生产费用合计}{完工产品数量+月末在产品约当产量}$$

完工产品某成本项目金额＝完工产品数量×费用分配率

$$\frac{月末在产品}{某成本项目金额}＝月末在产品约当产量×费用分配率$$

或 $\dfrac{月末在产品}{某成本项目金额}$＝该项目费用合计－完工产品该项目金额

（2）在产品按定额成本计价法。它是指月末在产品按预先制定的定额成本计算，实际生产费用脱离定额的差异，全部由完工产品成本负担的方法。这种方法简化了生产费用在月末在产品和本月完工产品之间的分配。由于它将生产费用脱离定额的差异，全部计入了当月完工产品成本，因此只适用于各项消耗定额和费用定额比较准确、稳定，定额管理基础工作较好，并且各月在产品数量也比较稳定的产品。否则，将影响本月完工产品成本计算的准确性，不利于产品成本的分析和考核。其计算公式为：

①在产品定额成本的计算公式为：

直接材料＝在产品数量×材料消耗定额×材料计划单价

直接人工＝在产品数量×工时定额×计划小时工资率

制造费用＝在产品数量×工时定额×计划小时费用率

在产品定额成本＝（直接材料+直接人工+制造费用）定额成本

②完工产品成本的计算公式为：

$$\frac{完工产品}{某成本项目金额}＝该项目费用合计-在产品相应项目定额成本$$

（3）定额比例分配法。它是根据月末在产品定额耗用量

（或定额费用）和本月完工产品定额耗用量（或定额费用）的比例来分配生产费用，以确定月末在产品实际成本和完工产品实际成本的方法。它适用于各项消耗定额资料比较完整、准确，生产工艺过程已经定型的产品。

采用定额比例法时，如果原材料费用按定额原材料费用比例分配，各项加工费用均按定额工时比例分配。其分配计算公式为：

$$费用分配率 = \frac{本月某项生产费用合计}{完工产品定额 + 月末在产品定额}$$

或：$$费用分配率 = \frac{本月某项生产费用合计}{月初在产品定额 + 本月投入定额}$$

注意：公式中的定额包括定额消耗量、定额费用及定额工时。直接材料成本项目一般选择定额消耗量或定额费用为分配标准；加工费用一般选择定额工时或定额费用为分配标准。

完工产品成本和月末在产品成本的计算公式分别为：

完工产品成本 = ∑完工产品定额×费用分配率

月末在产品成本 = ∑月末在产品定额×费用分配率

= 月初在产品成本+本月生产费用-完工产品成本

三、同步训练

（一）单项选择题

1. 下列各项中，不能作为"制造费用"分配的依据是（　　）。

 A. 直接薪酬   B. 生产工时

 C. 机器工时   D. 生产工人人数

2. 分配辅助生产费用时，下列各项中，不需要计算产品或劳务的费用分配率的方法是（　　）。

 A. 直接分配法   B. 交互分配法

 C. 代数分配法   D. 计划成本分配法

3. 下列各项中，适用采用不计算在产品成本法在完工产品和在产品之间分配费用的情况是（　　）。

    A. 没有在产品

    B. 各月末在产品数量较大

    C. 各月末在产品数量较少

    D. 各月末在产品数量变化小

4. 下列各项中，不能作为两种或两种以上产品"共同材料"的分配依据是（　　）。

    A. 产品重量　　　　　　B. 产品体积

    C. 直接薪酬　　　　　　D. 产品性能

5. 下列各项中，在完工产品和在产品之间分配费用，适用采用在产品成本按年初固定数确定的方法的是（　　）。

    A. 各月末在产品数量较少

    B. 各月末在产品数量较大

    C. 没有在产品

    D. 各月末在产品数量变化小

6. 下列各项中，属于不考虑辅助生产车间之间相互提供劳务的辅助生产费用的分配方法是（　　）。

    A. 代数分配法　　　　　B. 直接分配法

    C. 交互分配法　　　　　D. 按计划成本分配法

7. 下列各项中，关于采用辅助生产费用分配的交互分配法对外分配的费用总额的表述，正确的是（　　）。

    A. 交互分配前的费用

    B. 交互分配前的费用加上交互分配转入的费用

    C. 交互分配前的费用减去交互分配转出的费用

    D. 交互分配前的费用加上交互分配转入的费用、减去交互分配转出的费用

8. 在采用固定在产品成本法时，下列各项中，与 1～11 月各月完工产品成本相等的是（　　）。

    A. 年初在产品成本　　　B. 年末在产品成本

    C. 生产费用合计数　　　D. 本月发生生产费用

9. 某产品经三道工序加工而成，各工序的工时定额分别为 10 小时、20 小时、20 小时，各工序在产品在本工序的加工程度为 50%，第三工序在产品全过程的完工程度为（　　　）。

    A. 40%　　　　　　　　B. 50%

    C. 80%　　　　　　　　D. 100%

10. 辅助生产车间采用计划成本分配法时，为简化分配工作，将辅助生产成本差异全部调整计入下列账户的是（　　　）。

    A. "制造费用"　　　　B. "生产费用"

    C. "辅助生产成本"　　D. "管理费用"

11. 如果原材料在生产开始时一次投入，月末在产品的投料程度为（　　　）。

    A. 0　　　　　　　　　B. 50%

    C. 60%　　　　　　　　D. 100%

12. 某厂辅助生产的发电车间待分配费用 9 840 元，提供给辅助生产的供水车间 5 640 度、基本生产车间 38 760 度、行政管理部门 4 800 度，共计 49 200 度。采用直接分配法，其费用分配率为（　　　）。

    A. 9 840÷（38 760+4 800）

    B. 9 840÷49 200

    C. 9 840÷（5 640+38 760）

    D. 9 840÷（5 640+4 800）

（二）多项选择题

1. 下列各项中，属于正确计算产品成本应该正确划分的费用界限有（　　　）。

    A. 生产费用与经营管理费用的界限

    B. 完工产品和在产品成本的界限

    C. 各月份的费用界限

    D. 各种产品的费用界限

2. 下列各项中，属于生产费用按经济内容分类的项目有（　　　）。

A. 外购材料   B. 直接人工

C. 折旧费   D. 制造费用

3. 根据工资结算汇总表和直接人工费用分配表进行分配结转工资费用的账务处理时，会计分录中对应的下列借方科目有（　　　　）。

A. 生产成本   B. 制造费用

C. 财务费用   D. 管理费用

4. 下列各项中，考虑了辅助生产单位之间交互分配费用的方法有（　　　　）。

A. 交互分配法   B. 代数分配法

C. 直接分配法   D. 计划成本分配法

5. 下列各项中，属于制造费用的项目有（　　　　）。

A. 生产单位管理人员的工资及提取的其他职工薪酬

B. 生产单位固定资产的折旧费

C. 生产单位固定资产的修理费

D. 企业行政管理部门固定资产的折旧费

6. 下列各项中，属于采用定额比例法分配完工产品和在产品费用应具备的条件有（　　　　）。

A. 消耗定额比较准确

B. 消耗定额比较稳定

C. 各月末在产品数量变化不大

D. 各月末在产品数量变化较大

7. 下列各项中，属于选择生产费用在完工产品与在产品之间分配的方法应考虑的因素有（　　　　）。

A. 在产品数量的多少

B. 各月在产品数量变化的大小

C. 各项费用比重的大小

D. 定额管理基础的好坏

8. 下列各项中，属于企业发出材料可能借记的账户有（　　　　）。

A. "原材料"   B. "生产成本"

C. "管理费用"　　　　　　D. "材料成本差异"

9. 下列各项中，属于完工产品与在产品之间分配费用的方法有（　　　　）。

　　A. 约当产量比例分配法　　B. 交互分配法

　　C. 固定成本计价法　　　　D. 定额比例法

10. 下列各项中，属于企业分配职工薪酬费用可能借记的账户有（　　　　）。

　　A. "在建工程"　　　　　　B. "管理费用"

　　C. "生产成本"　　　　　　D. "制造费用"

11. 下列各项中，属于在企业设置了"生产成本"总账科目的情况下，还可以设置的总账科目有（　　　　）。

　　A. "基本生产成本"　　　　B. "制造费用"

　　C. "废品损失"　　　　　　D. "生产费用"

12. 下列各项中，属于成本项目的有（　　　　）。

　　A. 直接材料　　　　　　　B. 直接人工

　　C. 财务费用　　　　　　　D. 管理费用

（三）判断题

1. 企业所有产品均需要在月末将其生产费用的累计数在完工产品与在产品之间进行分配。　　　　　　　　　　（　　）

2. 各月末在产品数量变化不大的产品，可以不计算月末在产品成本。　　　　　　　　　　　　　　　　　　　（　　）

3. 采用月末在产品按定额成本计价法时，月末在产品定额成本与其实际成本的差异，由完工产品成本承担。　　（　　）

4. 在生产车间只生产一种产品的情况下，所有的生产费用均为直接计入费用。　　　　　　　　　　　　　　　（　　）

5. 采用计划成本分配法，辅助生产的成本差异应该全部计入管理费用。　　　　　　　　　　　　　　　　　　（　　）

6. 辅助生产的制造费用可以先通过"制造费用"科目归集，然后转入"生产成本——辅助生产成本"科目；也可以直接记入"生产成本——辅助生产成本"科目。　　　　（　　）

7. 采用在产品成本按年初固定数额计算的方法时，其基本点是：年内各月的在产品成本都按年初在产品成本计算。（　　）

8. 定额耗用量比例分配法的分配标准是单位产品的消耗定额。（　　）

9. 企业设置了"生产费用"总账科目后，可以同时设置"生产成本"和"制造费用"总账科目。（　　）

10. 约当产量比例法只适用于薪酬费用和其他加工费用的分配，不适用原材料费用的分配。（　　）

11. 用于产品生产构成产品实体的原材料费用，应记入"生产成本"科目的借方。（　　）

12. 企业在生产多种产品时，生产工人的计时工资属于间接生产费用。（　　）

（四）简答题

1. 产品成本核算应如何开设账户？并说明相应账户的结构和用途。

2. 辅助生产费用应如何归集？分别适用于何种情形？

3. 影响辅助生产费用分配方法的因素有哪些？有哪些具体影响？

4. 辅助生产之间交互提供产品或劳务对辅助生产费用的分配产生何种影响？

5. 生产费用在完工产品与在产品之间的分配方法有哪些？在选择时应考虑哪些因素？

6. 单工序和多工序下约当产量的计算有何不同？为什么？

（五）计算分析题

1. 某企业生产 A、B 两种产品，本月产量分别为 150 台和 280 台；本月两种产品共同耗用的材料 2 088 千克，单价 22 元，共计 45 936 元。A 产品的材料消耗定额为 6 千克，B 产品的材料消耗定额为 3 千克，不考虑其他因素。

要求：分别按定额消耗量比例法和定额费用比例法分配材料费用。

2. 某工业企业某月份应付职工薪酬总额为 115 000 元，其中：基本生产车间生产工人的薪酬为 84 000 元，本月生产甲、乙两种产品，甲、乙产品的生产工时分别为 45 000 小时和 30 000 小时；辅助生产车间生产工人的薪酬为 8 000 元；基本生产车间管理人员的薪酬为 8 000 元；辅助生产车间管理人员的薪酬为 2 000 元；行政管理人员的薪酬为 12 000 元；专设销售机构人员的薪酬为 5 000 元。由于该企业辅助生产规模不大因而不单独归集辅助生产的制造费用，不考虑其他因素。

要求：

（1）按生产工时比例分配基本生产车间生产工人的薪酬；

（2）编制月末分配职工薪酬费的会计分录。

3. 某厂外购电力价格为 0.80 元/度，20××年 11 月基本生产车间共用 12 000 度。其中：生产用电 10 000 度，车间照明用电 2 000 度；厂部行政管理部门用电 4 000 度。基本生产车间生产甲、乙两种产品，甲产品的生产工时 2 000 小时，乙产品的生产工时 3 000 小时，产品生产所耗电费按生产工时比例分配。不考虑其他因素。

要求：

（1）分配计算各部门应负担的电费；

（2）分配计算基本生产车间各产品应负担的电费；

（3）计算基本生产车间照明用电应负担的电费；

（4）编制分配电费的会计分录。

4. 某企业设供电、运输两个辅助车间。本月发生的辅助生产费用及提供的劳务量见表 2-2。

表 2-2

辅助生产车间名称	供电车间	运输车间
待分配费用	10 800 元	6 000 元
提供劳务数量	9 000 度	12 000 千米

表2-2（续）

辅助生产车间名称		供电车间	运输车间
耗用劳务数量	供电车间		750 千米
	运输车间	1 500 度	
	基本车间产品耗用	4 000 度	
	基本车间一般性耗用	3 000 度	11 000 千米
	行政管理部门	500 度	250 千米

不考虑其他因素。

要求：

（1）用交互分配法分配辅助车间的费用，要求列出分配率计算过程并将分配结果填入表 2-3 中；

（2）编制相应的会计分录。

表 2-3　　　　辅助生产费用分配表（交互分配法）　　金额单位：元

项　目	交互分配				对外分配				金额合计
	供电车间		运输车间		供电车间		运输车间		
	数量	金额	数量	金额	数量	金额	数量	金额	
待分配费用									
劳务供应量									
费用分配率									
受益对象									
供电车间									
运输车间									
基本车间 产品生产									
基本车间 一般耗用									
行政管理部门									
合计									

5. 某企业设供电、运输两个辅助车间。本月发生的辅助生产费用及提供的劳务量见表2-4。

表2-4

辅助生产车间名称		供电车间	运输车间
待分配费用		35 000 元	51 500 元
提供劳务数量		10 000 度	10 000 千米
耗用劳务数量	供电车间		1 000 千米
	运输车间	2 000 度	
	基本生产车间： 产品生产耗用 一般耗用	3 000 度 2 000 度	6 000 千米
	行政管理部门	3 000 度	3 000 千米

计划单位成本：供电车间为 4 元/度，运输车间为 6 元/千米，不考虑其他因素。

要求：

（1）用计划成本分配法分配辅助生产费用，要求列出成本差异的计算过程并将分配结果填入表2-5中；

（2）编制相应的会计分录。

表2-5　　　辅助生产费用分配表（计划成本分配法）　　　单位：元

项　　　目	分配电费		分配运输费		成本差异		合　计
	数量	金额	数量	金额	供电	运输	
待分配费用							
劳务供应总量							
计划单位成本							
受益对象：							
1. 供电车间							
2. 运输车间							
3. 基本车间产品生产耗用							

表2-5（续）

项　目	分配电费		分配运输费		成本差异		合　计
	数量	金额	数量	金额	供电	运输	
4. 基本车间一般耗用							
5. 行政管理部门							
合　计							

6. 某产品经两道工序完工，其月初在产品与本月发生的直接人工之和为 255 000 元，该月完工产品 600 件。该产品的工时定额为：第一工序 30 小时，第二工序 20 小时。月末在产品数量分别为：第一工序 300 件，第二工序 200 件。各工序在产品在本工序的完工程度均按 50% 计算。不考虑其他因素。

要求：

（1）计算该产品月末在产品的约当产量；

（2）按约当产量比例分配计算完工产品和月末在产品的直接人工。

7. 资料：某企业生产乙产品经过三道工序制成，原材料在生产开始时一次投入。该产品各工序的工时定额和月末在产品及完工产品数量见表 2-6。

表 2-6

工序	各工序单位产品工时定额（小时）	月末在产品数量（件）	完工产品数量（件）
1	16	500	—
2	12	400	—
3	12	800	—
合计	40	1 700	4 000

各工序在产品在本工序的加工程度均按 50% 计算。月初在产品成本和本月生产费用合计为：直接材料 34 200 元，直接人工 20 000 元，制造费用 15 000 元。不考虑其他因素。

要求：

（1）采用约当产量比例法计算分配完工产品与月末在产品成本；

（2）编制完工产品入库的会计分录。

8. 某企业 A 产品的原材料在生产开始时一次投料，产品成本中原材料费用所占比重很大，月末在产品按所耗原材料费用计价。该种产品月初在产品原材料费用 6 000 元，本月原材料费用 25 000 元，直接人工费用 4 500 元，制造费用 1 000 元。本月完工产品 700 件，月末在产品 300 件。不考虑其他因素。

要求：

（1）按在产品所耗原材料费用计价法分配计算 A 产品完工产品和月末在产品成本。

（2）编制完工产品入库的会计分录。

9. 某产品各项消耗定额比较准确、稳定，各月在产品数量变化不大，月末在产品成本按定额成本计价。该产品月初和本月发生的生产费用合计：原材料费用 50 000 元，直接人工费用 10 000 元，制造费用 20 000 元。原材料于生产开始时一次投入，单位产品原材料费用定额为 40 元。完工产品产量 1 000 件，月末在产品 300 件，月末在产品定额工时共计 800 小时，每小时费用定额：直接人工费用 10 元，制造费用 5 元。不考虑其他因素。

要求：

（1）采用定额成本计价法分配计算月末在产品成本和完工产品成本。

（2）编制完工产品入库的会计分录。

10. 某公司全年制造费用计划为 200 000 元，本月实际发生制造费用 25 000 元。有关资料见表 2-7。

表 2-7

项 目	A 产品	B 产品	合 计
产品计划产量	1 000 件	1 200 件	
本月实际产量	100 件	150 件	
单位产品工时定额	4 小时	5 小时	

要求：采用计划分配率分配法分配该月的制造费用。

四、同步训练答案

（一）单项选择题

1. D   2. D   3. C   4. D   5. D   6. B
7. D   8. D   9. C   1. D   11. D   12. A

（二）多项选择题

1. ABCD   2. AC   3. ABD   4. ABD   5. AB
6. ABD   7. ABCD   8. BC   9. ACD   10. ABCD
11. BC   12. AB

（三）判断题

1. ×   2. ×   3. √   4. √   5. √   6. √
7. ×   8. ×   9. ×   10. ×   11. √   12. ×

（四）简答题（略）

（五）计算分析题

1.（1）原材料费用分配率＝45 936÷（150×6＋280×3）
　　　　　　　　　　　＝45 936÷1 740＝26. 4
A 产品应负担的原材料费用＝150×6×26. 4＝23 760(元)
B 产品应负担的原材料费用＝280×3×26. 4＝22 176(元)

（2）原材料费用分配率＝45 936÷（150×6×22+280×3×22）

＝1.2

A 产品应负担的原材料费用＝150×6×22×1.2＝23 760（元）

B 产品应负担的原材料费用＝280×3×22×1.2＝22 176（元）

2.（1）直接人工费用分配率＝84 000÷（45 000+30 000）

＝1.12

甲产品应负担的直接人工费用＝45 000×1.12＝50 400（元）

乙产品应负担的直接人工费用＝3 000×1.12＝33 600（元）

（2）借：生产成本——基本生产成本——甲产品 50 400

　　　　　　　　　　　　　——乙产品 33 600

　　　生产成本——辅助生产成本　　　　　 10 000

　　　制造费用——基本车间　　　　　　　　 8 000

　　　管理费用　　　　　　　　　　　　　　 12 000

　　　销售费用　　　　　　　　　　　　　　 5 000

　　　贷：应付职工薪酬——工资　　　　　　 119 000

3.解：

（1）基本车间应负担的电费＝12 000×0.8＝9 600（元）

行政管理部门应负担的电费＝4 000×0.8＝3 200（元）

（2）基本车间产品生产应负担的电费＝10 000×0.8

＝8 000（元）

产品电费分配率＝8 000÷（2 000 + 3 000）＝1.60（元/小时）

甲产品应负担的电费＝2 000×1.6＝3 200（元）

乙产品应负担的电费＝3 000×1.6＝4 800（元）

（3）基本车间照明应负担的电费＝2 000×0.8＝1 600（元）

（4）借：生产成本——基本生产成本——甲产品 3 200

　　　　　　　　　　　　　——乙产品 4 800

　　　　制造费用——基本车间　　　　　　 1 600

　　　　管理费用——水电费　　　　　　　 3 200

　　　　贷：应付账款——××供电部门　　 12 800

4.解答：

（1）填表：

表 2-8　　　　**辅助生产费用分配表（交互分配法）**　　金额单位：元

项　目	交互分配 供电车间 数量	金额	运输车间 数量	金额	对外分配 供电车间 数量	金额	运输车间 数量	金额	金额合计
待分配费用		10 800		6 000		9 375		7 425	16 800
劳务供应量	9 000		12 000		7 500		11 250		
分配率		1.2		0.5		1.25		0.66	
受益对象									
供电车间			750	375					375
运输车间	1 500	1 800							1 800
基本车间 产品生产					4 000	5 000			5 000
基本车间 一般耗用					3 000	3 750	11 000	7 260	11 010
行政部门					500	625	250	165	790
合　计		1 800		375		9 375		7 425	18 975

供电车间交互分配率＝10 800÷9 000＝1.2

运输车间交互分配率＝6 000÷12 000＝0.5

供电车间对外分配率＝（10 800＋375－1 800）÷7 500
　　　　　　　　＝1.25

运输车间对外分配率＝（6 000＋1 800－375）÷11 250
　　　　　　　　＝0.66

会计分录：

（1）

借：生产成本——辅助生产成本——供电车间　　　375

　　　　　　　　　　　　　　——运输车间　1 800

　　贷：生产成本——辅助生产成本——供电车间　1 800

　　　　　　　　　　　　　　——运输车间　　375

（2）

借：生产成本——基本生产成本　　　　　　　5 000

　　制造费用——基本车间　　　　　　　　　11 010

| | | 790 |

管理费用

贷：生产成本——辅助生产成本——供电车间　9 375

——运输车间　7 425

5. 解：

表 2-9　　　辅助生产费用分配表（计划成本分配法）　　单位：元

项　　目	分配电费		分配运输费		成本差异		合　计
	数量	金额	数量	金额	供电	运输	
待分配费用		35 000		51 500			86 500
劳务供应总量	10 000		10 000				
计划单位成本		4		6			
受益对象：							
1. 供电车间			1 000	6 000			6 000
2. 运输部门	2 000	8 000					8 000
3. 基本车间产品生产耗用	3 000	12 000					12 000
4. 基本车间一般耗用	2 000	8 000	6 000	36 000			44 000
5. 行政管理部门	3 000	12 000	3 000	18 000	1 000	−500	30 500
合　　计		40 000		60 000	1 000	−500	100 500

（1）成本差异：

供电车间成本=35 000+6 000−40 000=1 000（元）

运输车间成本=51 500+8 000−60 000=−500（元）

（2）分配费用及调整差异分录：

借：生产成本——辅助生产成本（供电车间）　6 000

——辅助生产成本（运输车间）　8 000

——基本生产成本　12 000

制造费用——基本生产车间　44 000

管理费用　30 000

贷：生产成本——辅助生产成本（供电车间）　40 000

——辅助生产成本（运输车间）　60 000

借：管理费用   500

    贷：生产成本——辅助生产成本（供电车间）   1 000

             ——辅助生产成本（运输车间） 500

6. 解：

（1）第一工序（全过程）完工程度＝30×0.5÷50＝30%

第二工序完工程度＝（30+20×0.5）÷50＝80%

月末在产品约当产量＝300×30%+200×80%

                    ＝90+160

                    ＝250（件）

（2）分配率＝255 000÷（600+250）＝300（元/件）

完工产品负担的直接人工＝300×600＝180 000（元）

月末在产品负担的直接人工＝255 000−180 000＝75 000（元）

7. 解：

（1）①分工序计算完工率：

第一工序：（16×0.5）÷40＝20%

第二工序：（16+12×0.5）÷40＝55%

第三工序：（16+12+12×0.5）÷40＝85%

②分工序计算在产品约当产量：

第一工序：500×20%＝100

第二工序：400×55%＝220

第三工序：800×85%＝680

合计：100+220+680＝1 000

③计算费用分配率：

直接材料：34 200÷（4 000+500+400+800）＝6

直接人工：20 000÷（4 000+1 000）＝4

制造费用：15 000÷（4 000+1 000）＝3

④计算分配完工产品与月末在产品费用：

完工产品成本：4 000×（6+4+3）＝52 000（元）

在产品成本：34 200+20 000+15 000−52 000＝17 200（元）

（2）编制完工产品入库的会计分录：

借：库存商品　　　　　　　　　　　　　　　52 000

　　贷：生产成本——基本生产成本　　　　　　　　52 000

8．解：

（1）原材料费用分配率=（6 000+25 000）÷（700+300）=31

完工产品原材料费用=700×31=21 700（元）

月末在产品原材料费用（成本）=300×31=9 300（元）

完工产品成本=21 700+4 500+1 000=27 200（元）

（2）编制完工产品入库的会计分录：

借：库存商品——A 产品　　　　　　　　　　27 200

　　贷：生产成本——基本生产成本——A 产品　　27 200

9．解：

（1）在产品定额成本=300×40 + 800×10 + 800×5

　　　　　　　　　　=12 000 + 8 000 + 4 000

　　　　　　　　　　=24 000（元）

完工产品成本=（50 000−300×40）+（10 000−800×10）

　　　　　　　　+（20 000−800×5）

　　　　　　　= 38 000+2 000+16 000

　　　　　　　=56 000（元）

（2）编制完工产品入库的会计分录：

借：库存商品　　　　　　　　　　　　　　　56 000

　　贷：生产成本——基本生产成本　　　　　　　　56 000

10．解：年度计划制造费用分配率=200 000÷（1 000+1 200×5）

　　　　　　　　　　　　　　　= 20

A 产品本月分配的制造费用=100×4×20=8 000（元）

B 产品本月分配的制造费用=150×5×20−15 000（元）

第三章
产品成本核算的基本方法

一、学习目的

通过本章学习，主要达到以下目的：

1. 了解品种法的概念和适用范围，领会品种法的特点和计算程序，掌握品种法的具体计算；

2. 了解分批法的概念和适用范围，领会分批法的特点和计算程序，掌握分批法的具体计算和简化分批法的特点、计算程序及具体应用；

3. 了解分步法的概念和适用范围，领会分步法的特点和计算程序，掌握分步法的具体计算及应用，包括逐步结转分步法和平行结转分步法。

二、重点和难点

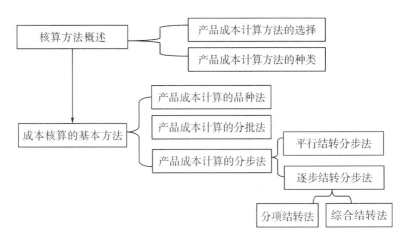

三种成本计算方法的特点比较：

表 3-1   **成本计算基本方法比较**

成本计算方法	成本计算对象	成本计算期	期末在产品成本的计算	适用范围	
				生产特点	管理要求
品种法	产品品种	按月计算，与会计报告期一致	单步骤生产下一般不需计算；多步骤生产下一般需计算	大量大批单步骤或多步骤生产	管理上不要求分步计算产品成本
分批法	产品批别	不定期计算，与生产周期一致	一般不需要计算	单件小批单步骤或多步骤生产	管理上不要求分步计算成本
分步法	生产步骤	按月计算，与会计报告期一致	需要计算	大量大批多步骤生产	管理上要求分步计算成本

（一）品种法的特点和计算程序

1. 品种法的特点

（1）成本计算对象是产品品种；

（2）品种法下一般定期（每月月末）计算产品成本；

（3）如果企业月末有在产品，要将生产费用在完工产品和在产品之间进行分配。

2. 品种法的计算程序

（1）按产品品种开设产品成本明细账及相应的产品成本计算单。在采用品种法计算产品成本的企业或车间中，如果只生产一种产品，成本计算对象就是这种产品的产成品成本。计算产品成本时，只需要为这种产品开设一种产品成本明细账，账内按照成本项目设立专栏或专行。在这种情况下，发生的生产费用全部都是直接计入费用，可以直接计入产品成本明细账，不需要在各成本计算对象之间分配费用。如果生产的产品不止一种，就要按照产品的品种分别开设产品成本明细账，发生的直接计入费用应直接计入各产品成本明细账，间接计入费用则要采用适当的分配方法，在各成本计算对象之间分配，然后计入各产品成本明细账。

（2）生产费用在各种产品之间的归集和分配。生产费用发生后，按照产品品种确定的成本计算对象，在各种产品之间进行分配后，分别计入各种产品成本明细账中。

（3）生产费用在完工产品与在产品之间的归集和分配。在月末计算产品成本时，如果没有在产品，或者在产品数量很少，则不需要计算月末在产品成本。这样，各种产品成本明细账中按照成本项目归集的全部生产费用，就是各该产品的产成品总成本；除以产品产量，就是各该产品的单位成本。如果有在产品，而且数量较多，还需要将产品成本明细账中归集的生产费用，采用适当的分配方法在完工产品和月末在产品之间进行分配，以便计算完工产品和月末在产品的成本。

（二）简化分批法的概念和特点

1. 简化分批法的概念

在单件小批生产的情况下，如果产品的批数很多，而且月末未完工产品的批数也很多，可以采用简化的分批法计算产品成本。

2. 简化分批法的特点

（1）必须设置生产成本二级账。采用简化的分批法，仍应按照产品批别设置产品生产成本明细账；同时，必须按生产单位设置基本生产成本二级账。产品生产成本明细账按月登记各批产品的直接计入费用（如直接材料费用）和生产工时。各月发生的间接计入费用（如直接人工费用和制造费用）不按月在各批产品之间进行分配，而是按成本项目登记在基本生产成本二级账中。只有在有完工产品的那个月份，才将基本生产成本二级账中累计起来的费用，按照本月完工产品工时占全部累计工时的比例，向本月完工产品进行分配；未完工产品的间接计入费用，保留在基本生产成本二级账中。本月完工产品从基本生产成本二级账分配转入的间接计入费用，加上产品生产成本明细账原登记的直接计入费用，即为本月完工产品总成本。

（2）不分批计算月末在产品成本。将本月完工产品应负担的间接计入费用转入各完工产品生产成本明细账以后，基本生产成本二级账反映全部批次月末在产品的成本。各批次未完工产品的生产成本明细账上只反映了累计直接计入费用和累计工时，不反映各批次月末在产品成本。月末，基本生产成本二级账与产品生产成本明细账只能核对直接计入费用，不能核对全部余额。

（3）通过计算累计费用分配率来分配间接计入费用。简化的分批法将间接计入费用在各批产品之间的分配和在本月完工产品与月末在产品（全部批次）之间的分配一次完成，大大简化了成本计算工作。间接计入费用的分配，是利用计算出的累计间接计入费用分配率进行的。其计算公式为：

$$累计间接计入费用分配率 = \frac{累计间接计入费用}{累计工时}$$

$$\begin{array}{c}完工批别应负担的\\间接计入费用\end{array} = \begin{array}{c}该批产品的\\累计工时\end{array} \times \begin{array}{c}累计间接计入\\费用分配率\end{array}$$

（三）分步法

1. 分步法的含义

（1）分步法是指以产品的生产步骤作为成本核算对象归集和分配生产费用、计算产品成本的方法。根据成本管理对各生产步骤成本资料的不同要求（是否要求计算半成品成本）和简化核算的需要，分为逐步结转分步法和平行结转分步法两种。

（2）逐步结转分步法是指按照生产步骤逐步计算并结转半成品成本，直到最后步骤计算出产成品成本的方法。它也称为计算半成品成本分步法、顺序结转分步法、滚动计算分步法等。

（3）平行结转分步法是指将各生产步骤应计入相同产成品成本的份额平行汇总，以求得产成品成本的方法。平行结转分步法按照生产步骤归集费用，但只计算完工产成品应负担的各生产步骤的成本"份额"，不计算和结转各生产步骤的半成品成本，因此，它也称为不计算半成品成本的分步法、不顺序结转分步法、不滚动计算分步法等。

2. 分步法的特点

（1）成本计算对象是各种产品的生产步骤。在分步法下除了按品种计算和结转产品成本外，还需要计算和结转产品的各步骤成本，其成本计算对象，是各种产品及其所经过的各个加工步骤；如果企业只生产一种产品，则成本计算对象就是该种产品及其所经过的各个生产步骤。

（2）成本计算期是固定的，与产品的生产周期不一致。

（3）月末为计算完工产品成本，需要将归集在生产成本明细账中的生产费用在完工产品和在产品之间进行分配。

3. 分步法的成本计算程序

（1）逐步结转分步法成本计算程序：首先计算第一步骤所生产的半成品成本，并将其转入第二步骤；然后将第二步骤发生的各种费用，加上第一步骤转入的半成品成本，计算出第二步骤所生产的半成品成本，并将其转入第三步骤。以此类推，直至最后一个步骤计算出产成品成本。按照结转半成品成本方法的不同，分为：

第一，综合结转法。综合结转法是将上一生产步骤转入下一生产步骤的半成品成本，不分成本项目，全部记入下一生产步骤产品生产成本明细账中的"直接材料"成本项目或专设的"自制半成品"成本项目，综合反映各步骤所耗上一步骤所生产半成品成本的方法。

第二，分项结转法。分项结转法是将上一生产步骤转入下一生产步骤的半成品成本，按其原始成本项目，分别记入下一生产步骤产品生产成本明细账中对应的成本项目之中，分项反映各步骤所耗上一步骤所生产半成品成本的方法。

（2）平行结转分步法成本计算程序：首先由各生产步骤计算出某产品在本步骤所发生的各种费用；然后将各生产步骤所发生的费用在最终产成品与月末在产品（广义在产品）之间进行分配，确定各生产步骤应计入产成品成本的"份额"；最后将各生产步骤应计入相同产成品成本的份额直接相加（汇总），计算出最终产成品的实际总成本。

4. 平行结转分步法与逐步结转分步法的区别

表 3-2

区别点	平行结转分步法	逐步结转分步法
成本管理的要求不同	在管理上要求分步骤归集费用，但不要求计算各步骤半成品成本，是不计算半成品成本的分步法。 当企业半成品的种类比较多，且不对外销售时，在成本管理上可以不要求计算半成品成本。这时，采用平行结转分步法，可以简化和加速成本核算工作。	在管理上要求计算半成品成本，是计算半成品成本的分步法。 当企业半成品可以加工为多种产成品，或者有自制半成品对外销售，或者需要进行半成品成本控制和同行业半成品成本比较时，在成本管理上必然要求计算半成品成本。这时，采用逐步结转分步法，可以为分析和考核各生产步骤半成品成本计划的执行情况，以及正确计算自制半成品的销售成本提供资料。

表3-2(续)

区别点	平行结转分步法	逐步结转分步法
产成品成本的计算方式不同	将各生产步骤应计入相同产成品成本的份额汇总，来求得产成品成本的。各生产步骤只归集本步骤发生的生产费用，应计入产成品成本的份额可以同时进行计算，不需要等待，进而可以简化和加速成本核算工作。	按照产品成本核算所划分的生产步骤，逐步计算和结转半成品成本，直到最后步骤计算出产成品成本。各生产步骤的成本核算要等待上一步骤的成本核算结果（转入的半成品成本数额）。按结转半成品成本方式的不同分为综合结转和分项结转。
在产品的含义不同	期末在产品既包括本步骤正在加工的在制品，又包括已经完工交给以后各步骤，但尚未最终完工的半成品，即广义在产品。半成品的实物已经转移，但成本仍留在本步骤；即使有半成品仓库办理半成品的收入、发出和存放，也只进行数量核算。不利于加强在产品和自制半成品的管理。	各生产步骤的完工产品是指本步骤已经完工的半成品（最后步骤为产成品），在产品只指本步骤正在加工的在制品，即狭义在产品。有利于加强在产品和自制半成品的管理。

三、同步训练

（一）单项选择题

1. 下列各项中，属于区分各种不同传统成本计算法的标志是（　　）。

　　A. 成本计算期　　　　　　B. 成本计算对象

　　C. 横向生产费用划分方法　D. 纵向生产费用划分方法

2. 下列各项中，属于分类法成本计算对象的是（　　）。

　　A. 产品品种　　　　　　　B. 产品类别

　　C. 产品批次　　　　　　　D. 产品生产步骤

3. 下列各项中，属于成本计算期与生产周期一致的成本核算方法是（　　）。

　　A. 品种法　　　　　　　　B. 分步法

　　C. 分类法　　　　　　　　D. 分批法

4. 下列成本计算方法中，必须设置基本生产成本二级账的是（　　）。

    A. 分批法　　　　　　　B. 品种法

    C. 分步法　　　　　　　D. 简化分批法

5. 下列成本计算方法中，属于产品成本计算辅助方法的是（　　）。

    A. 品种法　　　　　　　B. 分步法

    C. 定额法　　　　　　　D. 分批法

6. 下列各项中，属于分步法下产品成本还原的对象是（　　）。

    A. 自制半成品成本

    B. 各步骤半成品成本

    C. 产成品成本中的"半成品"成本

    D. 各步骤所耗上一步骤半成品的综合成本

7. 下列各项中，属于分批法适用的生产组织形式是（　　）。

    A. 大量生产　　　　　　B. 成批生产

    C. 单件小批生产　　　　D. 大量大批生产

8. 某企业只生产一种产品，生产分两个步骤在两个车间进行，第一车间为第二车间提供半成品，第二车间将半成品加工成产成品。月初两个车间均没有在产品。本月第一车间投产 100 件，有 80 件完工并转入第二车间，月末第一车间尚未加工完成的在产品相对于本步骤的完工程度为 60%；第二车间完工 50 件，月末第二车间尚未加工完成的在产品相对于本步骤的完工程度为 50%。该企业按照平行结转分步法计算产品成本，各生产车间按约当产量法在完工产品和在产品之间分配生产费用。月末第一车间在产品约当产量为（　　）。

    A. 12　　　　　　　　　B. 27

    C. 42　　　　　　　　　D. 50

9. 下列各项中，属于品种法和分步法的共同点是（　　）。

    A. 适用范围　　　　　　B. 成本计算方法

C. 成本计算对象   D. 成本计算周期

10. 下列各项中，需要进行成本还原计算的方法是（   ）。

A. 平行结转分步法   B. 分项结转分步法
C. 综合结转分步法   D. 分类结转分步法

（二）多项选择题

1. 采用分批法时，下列各项中，属于批量不大、批内产品跨月陆续完工数量不多时，月末计算完工产品成本可依据的单位成本有（   ）。

A. 计划单位成本
B. 根据具体条件采用适当的分配方法
C. 定额单位成本
D. 最近一期相同产品的实际单位成本

2. 下列各项中，属于产品成本计算的基本方法的有（   ）。

A. 品种法   B. 分批法
C. 分步法   D. 分类法

3. 下列各项中，属于广义在产品的有（   ）。

A. 生产单位正在加工中的在制品
B. 加工已告一段落的自制半成品
C. 存放在半成品库里的自制半成品
D. 已完成销售的自制半成品

4. 下列各项中，属于简化分批法的特点有（   ）。

A. 必须按生产单位设置基本生产成本二级账
B. 未完工产品不分配结转间接计入费用
C. 通过计算累计间接计入费用分配率分配完工产品应负担的间接计入费用
D. 期末在产品不负担间接计入费用

5. 下列各项中，属于品种法适用范围的有（   ）。

A. 大量大批单步骤生产

    B. 管理上不要求分步骤计算产品成本的大量大批多步
      骤生产

    C. 小批单件单步骤生产

    D. 管理上不要求分步骤计算产品成本的小批单件多步
      骤生产

6. 逐步结转分步法下半成品成本的计算和结转时，下列各
项中，可以采用的结转方式有（　　　　）。

    A. 综合结转　　　　　　　B. 逐步结转

    C. 分项结转　　　　　　　D. 平行结转

7. 下列各项中，可以或者应该采用分类法计算产品成本的
有（　　　　）。

    A. 联产品

    B. 品种单一、产量大的产品

    C. 品种规格繁多，但可以按规定标准分类的产品

    D. 品种规格多，且数量少、费用比重小的一些零星
      产品

8. 下列各项中，属于采用分项结转法结转半成品成本的优
点有（　　　　）。

    A. 便于各生产步骤的成本分析

    B. 便于各生产步骤进行完工产品的成本分析

    C. 便于从整个企业角度考核和分析产品成本计划的执
      行情况

    D. 可以直接、如实地提供按原始成本项目反映的产品
      成本资料

9. 下列各项中，属于分批法和分步法的不同点是
（　　　　）。

    A. 适用范围　　　　　　　B. 成本计算方法

    C. 成本计算对象　　　　　D. 成本计算周期

10. 下列各项中，关于逐步结转分步法和平行结转分步法区
别的表述，正确的是（　　　　）。

    A. 在产品的含义不同　　　B. 计算的产品成本不同

C. 成本管理的要求不同   D. 成本的计算方式不同

（三）判断题

1. 简化的分批法也叫做不分批计算在产品成本分批法。

（　　）

2. 综合结转分步法能够提供各个生产步骤的半成品成本资料，而分项结转分步法则不能提供半成品成本资料。（　　）

3. 在平行结转分步法下，其纵向费用的分配具体是指在最终产成品与广义在产品之间进行的费用分配。（　　）

4. 一个企业不得同时采用多种成本计算方法。（　　）

5. 按照生产工艺过程的特点，工业企业的生产可以分为连续式和装配式生产两种类型。（　　）

6. 采用分批法计算产品成本，必须开设基本生产成本二级账。

（　　）

7. 分类法由于与企业生产类型的特点没有直接联系，因而只要具备条件，在任何生产类型企业都能用。（　　）

8. 采用平行结转分步法，半成品成本的结转与半成品实物转移是一致的。（　　）

9. 如果同一时期内，几张订单所订的产品相同，应按各订单确定批别，分别组织生产计算成本。（　　）

10. 由于每个工业企业最终都必须按照产品品种计算出产品成本，因此，品种法是成本计算方法中最基本的方法。（　　）

（四）计算分析题

1. 某工业企业采用简化的分批法计算乙产品各批产品成本。

（1）5月份生产批号有：

1028号：4月份投产10件，5月20日全部完工。

1029号：4月份投产20件，5月完工10件。

1030号：本月投产9件，尚未完工。

（2）各批号5月末累计原材料费用（原材料在生产开始时一次投入）和工时为：

1028 号：原材料费用 1 000 元，工时 100 小时。

1029 号：原材料费用 2 000 元，工时 200 小时。

1030 号：原材料费用 1 500 元，工时 100 小时。

（3）5 月末，该企业全部产品累计原材料费用 4 500 元，工时 400 小时，直接人工 2 000 元，制造费用 1 200 元。

（4）5 月末，完工产品工时 250 小时，其中 1029 号 150 小时。

（5）不考虑其他因素。

要求：

（1）计算累计间接计入费用分配率；

（2）计算各批完工产品成本；

（3）编写完工产品入库会计分录。

2. 某企业甲产品生产分三个步骤，采用实际成本综合逐步结转分步法计算甲产品成本，第一步骤生产 A 半成品完工后直接交第二步骤继续加工，第二步骤生产 B 半成品直接交第三步骤加工为甲产品。还原前产成品成本及本月所产半成品成本资料见产成品成本还原计算表，不考虑其他因素。

要求：计算两步骤半成品还原分配率，填列"产成品成本还原计算表"（还原率要求保留小数点后四位）。

表 3-3 　　　　　　　产成品成本还原计算表 　　　　　单位：元

项　目	成本项目					
	B 半成品	A 半成品	直接材料	直接人工	制造费用	合　计
还原前甲产品成本	1 035 793			220 000	165 000	1 420 793
本月所产 B 半成品成本		475 000		200 000	150 000	825 000
B 半成品成本还原						
本月所产 A 半成品成本			250 000	125 000	100 000	475 000
A 半成品成本还原						
还原后甲产品成本						

B 半成品还原分配率 ＝

A 半成品还原分配率＝

3. 某企业第一生产车间生产 801 批次甲产品、901 批次乙产品、802 批次丙产品三批产品。9 月份有关成本计算资料如下：

（1）月初在产品成本：801 批次甲产品为 104 000 元，其中直接材料 84 000 元、直接人工 12 000 元、制造费用 8 000 元；802 批次丙产品 124 000 元，其中直接材料 120 000 元、直接人工 2 000 元、制造费用 2 000 元。

（2）本月生产情况：801 批次甲产品为 8 月 2 日投产 40 件，本月 26 日已全部完工验收入库，本月实际生产工时为 8 000 小时。901 批次乙产品为本月 4 日投产 120 件，本月已完工入库 12 件，本月实际生产工时为 4 400 小时。802 批次丙产品为 8 月 6 日投产 60 件，本月尚未完工，本月实际生产工时为 40 000 小时。

（3）本月发生生产费用：本月投入原材料 396 000 元，全部为 901 批次乙产品耗用。本月产品生产工人工资为 49 200 元，职工福利费为 6 888 元，制造费用总额为 44 280 元。

（4）单位产品定额成本：901 批次乙产品单位产品定额成本为 4 825 元，其中直接材料 3 300 元、直接人工 825 元、制造费用 700 元。

（5）不考虑其他因素。

要求：

（1）按产品批别开设产品成本明细账并登记各批月初在产品成本；

（2）编制 901 批次产品耗用原材料的会计分录并记入相应的产品成本明细账；

（3）采用生产工时分配法在各批产品之间分配本月发生的直接人工费用，根据分配结果编制会计分录并记入相应的产品成本明细账。

表 3-4   直接人工费用分配表

××年 9 月   单位：元

产　品	生产工时（小时）	分配工人工资		分配福利费	
		分配率	分配金额	分配率	分配金额
801 批产品					
901 批次产品					
802 批次产品					
合　计					

（4）采用生产工时分配法在各批产品之间分配本月发生的制造费用，根据分配结果编制会计分录并记入相应的产品成本明细账。

表 3-5   制造费用分配表

××年 9 月   单位：元

产　品	生产工时（小时）	分配率	分配金额
801 批次产品			
901 批次产品			
802 批次产品			
合　计			

（5）计算本月完工产品和月末在产品成本，编制结转完工产品成本的会计分录。其中 901 批次乙产品本月少量完工，其完工产品成本按定额成本结转。

表 3-6 产品成本明细账

开工日期
批别：801 批次　　　　　　产品：甲产品　　　　完工日期
单位：元

摘　　要	直接材料	直接人工	制造费用	合　　计

表 3-7 产品成本明细账

开工日期
批别：901 批次　　　　　　产品：乙产品　　　　完工日期

摘　　要	直接材料	直接人工	制造费用	合　　计

表 3-8 产品成本明细账

开工日期
批别：802 批次　　　　　　产品：丙产品　　　　完工日期

摘　　要	直接材料	直接人工	制造费用	合　　计

（五）综合题

1. 某企业生产乙产品需经过第一车间、第二车间连续加工完成，第一车间完工的乙半成品直接转到第二车间加工。两个车间月末在产品均按定额成本计算。有关成本资料见所附产品成本计算单，不考虑其他因素。

要求：

（1）采用逐步综合结转分步法计算产成品成本（结果直接填入所附产品成本计算单）；

（2）进行成本还原（填入所附产品成本还原表，还原率保留小数点后3位）。

表 3-9　　　　　第一车间产品成本计算单

产品品种：乙半成品　　　　　　　　　　　　　　　单位：元

项目	直接材料	直接人工	制造费用	合计
期初在产品（定额成本）	12 000	4 000	5 000	21 000
本月发生费用	60 000	20 000	15 000	95 000
生产费用合计				
完工产品成本				
期末在产品（定额成本）	8 000	2 500	4 500	15 000

表 3-10　　　　　第二车间产品成本计算单

产品品种：乙半成品　　　　　　　　　　　　　　　单位：元

项目	直接材料	直接人工	制造费用	合计
期初在产品（定额成本）	20 000	10 000	6 000	36 000
本月发生费用		15 000	20 000	
生产费用合计				
完工产品成本				
期末在产品（定额成本）	10 000	4 000	3 000	17 000

表 3-11　　　　　　　　　　**成本还原计算表**　　　　　单位：元

项目	还原率	自制半成品	直接材料	直接人工	制造费用	合计
还原前产成品成本						
本月所产半成品成本						
半成品成本还原						
还原后产成品成本						

还原分配率＝

2. 某企业生产 B 产品，经过二个生产步骤连续加工。第一步骤生产的 A 半成品直接交给第二步骤加工，第二步骤生产出产成品 B。第一、二步骤月末在产品数量分别为 20 件、40 件，原材料生产开始时一次投入，加工费用在本步骤的完工程度按 50% 计算，各步骤的生产费用合计采用约当产量法进行分配。有关资料见所附"产品成本计算单"，不考虑其他因素。

要求：采用逐步分项结转分步法计算产品成本，并填列各步骤产品成本计算单。

表 3-12　　　　　　　　　　**产品成本计算单**

第一步骤：A 半成品　　　　　　　　　　　　　完工量：80 件

项　目	直接材料	直接人工	制造费用	合计
月初在产品成本	27 000	4 800	6 000	37 800
本月发生生产费用	64 800	15 000	17 400	97 200
合计				
完工产品数量	80	80	80	
在产品约当产量				
总约当产量				
分配率				
完工 A 半成品成本				
月末在产品成本				

（1）直接材料费用分配率＝

（2）直接人工分配率＝

（3）制造费用分配率＝

表 3-13 **产品成本计算单**

第二步骤：B 产品　　　　　　　　　　　　完工量：70 件

项　目	直接材料	直接人工		制造费用		合计
		上一步转入	本步发生	上一步转入	本步发生	
月初在产品成本	23 360	2 970	2 700	2 850	3 990	35 870
本月发生费用			18 000		18 150	36 150
本月转入的半成品成本						
合计						
完工产品数量	70	70	70	70	70	
在产品约当产量						
总约当产量						
分配率						
完工 B 产品成本						
月末在产品成本						

（1）直接材料分配率＝

（2）直接人工分配率

①上一步转入＝

②本步发生＝

（3）制造费用分配率

①上一步转入＝

②本步发生＝

3. 某企业大量大批生产 A 产品，该产品顺序经过两个生产步骤连续加工完成，第一步完工半成品直接投入第二步加工，不通过自制半成品库收发。各步骤月末在产品与完工产品之间的费用分配采用约当产量法。原材料于生产开始时一次投入，各步骤在产品在本步骤的完工程度为 50%，不考虑其他因素。

月初无在产品成本，本月有关生产费用见各步骤成本计算单。各步骤完工产品及月末在产品情况如下：

表 3-14

项目	第一步	第二步
完工产品数量	400（半成品）	300（产成品）
月末在产品数量	200	100

要求：

（1）分别采用逐步综合结转和分项结转分步法计算产品成本，并填列各步骤产品成本计算单；

（2）对逐步综合结转下计算出的产成品成本进行成本还原。

表 3-15　　　　　　　**产品成本计算单**

生产步骤：第一步骤　　　　　　产品名称：×半成品

项　　目	直接材料	直接人工	制造费用	合　计
本月发生生产费用	60 000	10 000	20 000	90 000
合　计				
在产品约当产量				
总约当产量				
分配率 （单位半成品成本）				
完工半成品成本				
月末在产品成本				

表 3-16　　　　　　**产品成本计算单（综合结转）**

生产步骤：第二步骤　　　　　　产品名称：A 产品

项目	半成品成本	直接人工	制造费用	合计
本月发生生产费用		3 500	10 500	
合　计				
在产品约当产量				

表3-16（续）

项　目	半成品成本	直接人工	制造费用	合计
总约当产量				
分配率 （单位产成品成本）				
完工产成品成本				
月末在产品成本				

表 3-17　　　　**产品成本计算单（分项结转）**

生产步骤：第二步骤　　　　　　　产品名称：A 产品

项　目	直接材料	直接人工		制造费用		合计
		转入半成品	本步骤发生	转入半成品	本步骤发生	
本步骤发生			3 500		10 500	14 000
转入的半成品成本						
合计						
在产品约当产量						
总约当产量						
分配率 （单位产成品成本）						
完工产成品成本 （300 件）						
月末在产品成本 （100 件）						

55

表 3-18　　　　**产成品成本还原计算表**

项　目	半成品成本	直接材料	直接人工	制造费用	合计
还原前产成品成本					
第一步骤本月所产 半成品成木					

表3-18(续)

项目	半成品成本	直接材料	直接人工	制造费用	合计
产成品所耗半成品成本还原					
还原后产成品成本					

还原分配率=

4. 某企业生产甲产品，生产分两步进行，第一步骤为第二步骤提供半成品，第二步骤将其加工为产成品。材料在生产开始时一次投入，产成品和月末（广义）在产品之间分配费用的方法采用定额比例法。其中，材料费用按定额材料费用比例分配，其他费用按定额工时比例分配。有关定额资料、月初在产品成本及本月发生的生产费用见各步骤产品成本计算单，不考虑其他因素。

要求：

（1）采用平行结转分步法计算甲产品成本（完成两个步骤产品成本计算单及产品成本汇总表的填制；并列出每一步骤各成本项目分配率的计算过程，分配率保留小数点后两位）；

（2）编制完工产成品入库分录。

解：（1）

表 3-19　　　　　产品成本计算单

生产步骤：第一步骤　　　　　20××年8月　　　　　产品品种：甲产品

项目	直接材料		定额工时	直接人工	制造费用	合计
	定额	实际				
月初广义在产品成本	67 000	62 000	2 700	7 200	10 000	79 200
本月生产费用	98 000	89 500	6 300	11 700	11 600	112 800
本月生产费用合计		(1)		(2)	(3)	
分配率						
应计入产成品成本的份额	125 000		5 000			
月末广义在产品成本						

（1）直接材料分配率＝

（2）直接人工分配率＝

（3）制造费用分配率＝

表 3-20　　　　　　　　　**产品成本计算单**

生产步骤：第二步骤　　　　　20××年 8 月　　　　　产品品种：甲产品

项目	直接材料		定额工时	直接人工	制造费用	合计
	定额	实际				
月初广义在产品成本			700	1 500	2 500	4 000
本月生产费用			10 900	27 500	29 980	57 480
本月生产费用合计						
分配率						
应计入产成品成本的份额			10 000			
月末广义在产品成本						

（1）直接人工分配率＝

（2）制造费用分配率＝

表 3-21　　　　　　　　　**产品成本汇总计算表**

产品品种：甲产品　　　　　20××年 8 月　　　　　单位：元

生产步骤	产成品数量（件）	直接材料	直接人工	制造费用	合计
第一步应计入产成品成本的份额					
第二步应计入产成品成本的份额					
总成本	500				
单位成本					

5. 某企业生产 B 产品，经过二个生产步骤连续加工。第一步骤生产的半成品直接交给第二步骤加工，第二步骤将一件半成品加工为一件产成品，原材料投产时一次投入，其他费用在本步骤的完工程度按 50% 计算。采用约当产量法在完工产品和

在产品之间分配各步骤的生产费用。

（1）产量记录见表 3-22。

表 3-22   单位：件

月初在产品数量	第一步骤	第二步骤
月初在产品数量	6	48
本月投入数量	150	132
本月完工数量	132	150
月末在产品数量	24	30

（2）成本资料见各步骤产品成本计算单。

（3）不考虑其他因素。

要求：用平行结转分步法计算产品成本，并填列产品成本计算单及产品成本汇总表。

表 3-23   **产品成本计算单**

生产步骤：第一步骤   *产品名称：B 产品*   完工量：150 件

项目	直接材料	直接人工	制造费用	合计
月初广义在产品成本	27 000	4 200	6 000	37 200
本月发生生产费用	64 800	15 000	17 040	96 840
合计				
分配率				
应计入产成品成本的份额				
月末广义在产品成本				

（1）直接材料费用分配率 =

（2）直接人工分配率 =

（3）制造费用分配率 =

表 3-24　　　　　　　　**产品成本计算单**

生产步骤：第二步骤　　　产品名称：B 产品　　　　完工量：150 件

项目	直接材料	直接人工	制造费用	合计
月初在产品成本		5 100	6 600	11 700
本月发生生产费用		18 000	18 150	36 150
合计				
分配率				
应计入产成品成本的份额				
月末广义在产品成本				

（1）直接人工分配率 =

（2）制造费用分配率 =

表 3-25　　　　　　　　**产品成本汇总表**

产品名称：B 产品　　　　　　　　　　完工量：150 件

项目	直接材料	直接人工	制造费用	合计
第一步骤应计入产成品成本份额				
第二步骤应计入产成品成本份额				
B 产品总成本				
B 产品单位成本				

（六）思考题

1. 产品成本计算的主要方法和辅助方法有哪些？各种不同的方法最主要的区别是什么？

2. 简化的分批法其"简化"之处表现在哪些方面？

3. 进行成本还原的前提条件是什么？如何理解？

4. 逐步结转分步法与平行结转分步法之间的比较。

5. 逐步综合结转和分项结转有何相同与不同之处？

四、同步训练答案

（一）单项选择题

1. B   2. B   3. D   4. D   5. C   6. C
7. C   8. C   9. D   10. C

（二）多项选择题

1. ACD   2. ABC   3. ABC   4. ABC   5. AB
6. AC   7. ACD   8. CD   9. ABCD   10. BCD

（三）判断题

1. √   2. ×   3. √   4. ×   5. ×   6. ×
7. √   8. ×   9. ×   10. √

（四）计算分析题

1. 解：

（1）累计间接计入费用分配率

直接人工 = 2 000/400 = 5

制造费用 = 1 200/400 = 3

（2）各批完工产品成本

1028 号：1 000+100×（5+3）= 1 800（元）

1029 号：（2 000/20）×10+150×（5+3）= 2 200（元）

（3）

借：库存商品——乙产品　　　　　　　　　　　　4 000

　　贷：生产成本——基本生产成本——1028 号批次　1 800

　　　　　　　　　　　　　　　　——1029 号批次　2 200

2. 解：

表 3-26　　　　　　　　**产成品成本还原计算表**　　　　　单位：元

项　目	成本项目					
	B 半成品	A 半成品	直接材料	直接人工	制造费用	合 计
还原前甲产品成本	1 035 793			220 000	165 000	1 420 793
本月所产 B 半成品成本		475 000		200 000	150 000	825 000
B 半成品成本还原	-1 035 793	596 362.5		251 100	188 330.5	
本月所产A半成品成本			250 000	125 000	100 000	475 000
A 半成品成本还原		-596 362.5	313 875	156 937.5	125 550	
还原后甲产品成本			313 875	628 037.5	478 880.5	1 420 793

　　B 半成品还原分配率 = 1 035 793/825 000 = 1.255 5

　　A 半成品还原分配率 = 596 362.5/475 000 = 1.255 5

3. 解：

（1）901 批次产品耗用原材料的会计分录：

　　借：生产成本——基本生产成本——901 批次　396 000

　　　　贷：原材料　　　　　　　　　　　　　　　　396 000

（2）直接人工费用分配：

表 3-27　　　　　　　　　**直接人工费用分配表**

××年 9 月　　　　　　　　单位：元

产　品	生产工时（小时）	分配工人工资		分配福利费	
		分配率	分配金额	分配率	分配金额
801 批次产品	8 000		24 000		3 360
901 批次产品	4 400		13 200		1 848
802 批次产品	4 000		12 000		1 680
合　　计	16 400	3	49 200	0.42	6 888

　　工资费用分配率 = 49 200÷16 400 = 3

　　福利费用分配率 = 6 888÷16 400 = 0.42

　　会计分录：

借：生产成本——基本生产成本——801 批次　　27 360

　　　　　　　　　　　　　——901 批次　　15 048

　　　　　　　　　　　　　——802 批次　　13 680

　　贷：应付职工薪酬——工资　　　　　　　　49 200

　　　　　　　　　　——职工福利费　　　　　6 888

（3）

表 3-28　　　　　　　　　　制造费用分配表

××年 9 月　　　　　　　　　　单位：元

产　品	生产工时	分配率	分配金额
801 批次产品	8 000		21 600
901 批次产品	4 400		11 880
802 批次产品	4 000		10 800
合　　计	16 400	2.7	44 280

制造费用分配率＝44 280÷16 400＝2.7

会计分录：

借：生产成本——基本生产成本——801 批次　　21 600

　　　　　　　　　　　　　——901 批次　　11 880

　　　　　　　　　　　　　——802 批次　　10 800

　　贷：制造费用　　　　　　　　　　　　　44 280

（4）产品成本计算：

表 3-29　　　　　　　　　　产品成本明细账

开工日期：8 月 2 日

批别：801 批次　　　　产品：甲产品　　　　完工日期：9 月 26 日

摘　　要	直接材料	直接人工	制造费用	合　　计
月初在产品成本	84 000	12 000	8 000	104 000
本月发生直接人工		27 360		27 360
月末转入制造费用			21 600	21 600
本月生产费用合计	0	27 360	21 600	48 960
本月生产费用累计	84 000	39 360	29 600	152 960
结转本月完工产品成本	-84 000	-39 360	-29 600	-152 960

表 3-30   **产品成本明细账**

批别：901 批次   产品：乙产品   完工日期：

摘 要	直接材料	直接人工	制造费用	合 计
本月耗用直接材料	396 000			396 000
本月发生直接人工		15 048		15 048
月末转入制造费用			11 880	11 880
本月生产费用合计	396 000	15 048	11 880	422 928
单位产品定额成本	3 300	825	700	4 825
结转本月完工产品成本	-39 600	-9 900	-8 400	-57 900
月末在产品成本	356 400	5 148	34 800	365 028

表 3-31   **产品成本明细账**

开工日期：8月6日
批别：802 批次   产品：丙产品   完工日期：

摘 要	直接材料	直接人工	制造费用	合 计
月初在产品成本	120 000	2 000	2 000	124 000
本月发生直接人工		13 680		13 680
月末转入制造费用			10 800	10 800
本月生产费用合计	0	13 680	10 800	24 480
本月生产费用累计	120 000	15 680	12 800	148 480
月末在产品成本	120 000	15 680	12 800	148 480

结转本月完工产品成本的会计分录：
借：库存商品——甲产品   152 960
         ——乙产品   57 900
  贷：生产成本——基本生产成本——801 批次 152 960
                        ——901 批次   57 900

（五）综合题

1. 解：

表 3-32　　　　　　　　第一车间产品成本计算单

产品品种：乙半成品　　　　　　　　　　　　　　单位：元

项目	直接材料	直接人工	制造费用	合计
期初在产品（定额成本）	12 000	4 000	5 000	21 000
本月发生费用	60 000	20 000	15 000	95 000
生产费用合计	72 000	24 000	20 000	116 000
完工产品成本	64 000	21 500	15 500	101 000
期末在产品（定额成本）	8 000	2 500	4 500	15 000

表 3-33　　　　　　　　第二车间产品成本计算单

产品品种：乙半成品　　　　　　　　　　　　　　单位：元

项目	直接材料	直接人工	制造费用	合计
期初在产品（定额成本）	20 000	10 000	6 000	36 000
本月发生费用	101 000	15 000	20 000	136 000
生产费用合计	121 000	25 000	26 000	172 000
完工产品成本	111 000	21 000	23 000	155 000
期末在产品（定额成本）	10 000	4 000	3 000	17 000

表 3-34　　　　　　　　成本还原计算表　　　　　　　　单位：元

项目	自制半成品	直接材料	直接人工	制造费用	合计
还原前产成品成本	111 000		21 000	23 000	155 000
本月所产半成品成本		64 000	21 500	15 500	101 000
半成品成本还原	-111 000	70 336	23 629	17 035	0
还原后产成品成本		70 336	44 629	40 035	155 000

还原分配率 = 111 000 ÷ 101 000 = 1.099

2. 解：

表 3-35　　　　　　　　**产品成本计算单**

第一车间：A 半成品　　　　　　　　　　　　　　　　完工量：80 件

项目	直接材料	直接人工	制造费用	合计
本月在产品成本	27 000	4 800	6 000	37 800
本月发生生产费用	64 800	15 000	17 400	97 200
合计	91 800	19 800	23 400	135 000
完工产品数量	80	80	80	
在产品约当产量	20	10	10	
总约当产量	100	90	90	
分配率	918	220	260	1 398
完工 A 半成品成本	73 440	17 600	20 800	111 840
月末在产品成本	18 360	2 200	2 600	23 160

（1）直接材料分配率 = 91 800÷100 = 918

（2）直接人工分配率 = 19 800÷90 = 220

（3）制造费用分配率 = 23 400÷90 = 260

表 3-36　　　　　　　　**产品成本计算单**

第二车间：B 产品　　　　　　　　　　　　　　　　完工量：70 件

项　目	直接材料	直接人工		制造费用		合计
		上一步转入	本步发生	上一步转入	本步发生	
月初在产品成本	23 360	2 970	2 700	2 850	3 990	35 870
本月发生费用			18 000		18 150	36 150
本月转入的半成品成本	73 440	17 600		20 800		111 840
合计	96 800	20 570	20 700	23 650	22 140	183 860
完工产品数量	70	70	70	70	70	
在产品约当产量	40	40	20	40	20	
总约当产量	110	110	90	110	90	
分配率	880	187	230	215	246	1 758
完工 B 产品成本	61 600	13 090	16 100	15 050	17 220	123 060
月末在产品成本	35 200	7 480	4 600	8 600	4 920	60 800

（1）直接材料分配率 = 96 800 ÷ 110 = 880

（2）直接人工分配率

①上一步转入 = 20 570 ÷ 110 = 187

②本步发生 = 20 700 ÷ 90 = 230

（3）制造费用分配率

①上一步转入 = 23 650 ÷ 110 = 215

②本步发生 = 22 140 ÷ 90 = 246

3. 解：

表 3-37 产品成本计算单

生产步骤：第一步骤　　　　　产品名称：X 半成品

项目	直接材料	直接人工	制造费用	合计
本月发生生产费用	60 000	10 000	20 000	90 000
合计	60 000	10 000	20 000	90 000
在产品约当产量	200	100	100	
总约当产量	600	500	500	
分配率 （单位半成品成本）	60 000÷600 =100	10 000÷500 =20	20 000÷500 =40	160
完工半成品成本	40 000	8 000	16 000	64 000
月末在产品成本	20 000	2 000	4 000	26 000

表 3-38 产品成本计算单（综合结转）

生产步骤：第二步骤　　　　　产品名称：A 产品

项目	半成品成本	直接人工	制造费用	合计
本月发生生产费用	64 000	3 500	10 500	78 000
合计	64 000	3 500	10 500	78 000
在产品约当产量	100	50	50	
总约当产量	400	350	350	
分配率 （单位产成品成本）	64 000÷400 =160	3 500÷350 =10	10 500÷350 =30	200
完工产成品成本	48 000	3 000	9 000	60 000
月末在产品成本	16 000	500	1 500	18 000

表 3-39 产品成本计算单（分项结转）

生产步骤：第二步骤   产品名称：A 产品

项　目	直接材料	直接人工		制造费用		合计
		转入半成品	本步骤发生	转入半成品	本步骤发生	
本步骤发生			3 500		10 500	14 000
转入的半成品成本	40 000	8 000		16 000		64 000
合计	40 000	8 000	3 500	16 000	10 500	78 000
在产品约当产量	100	100	50	100	50	
总约当产量	400	400	350	400	350	
分配率	100	20	10	40	30	
完工产成品成本	30 000	6 000	3 000	12 000	9 000	60 000
月末在产品成本	10 000	2 000	500	4 000	1 500	18 000

表 3-40 产成品成本还原计算表   单位：元

项目	半成品成本	直接材料	直接人工	制造费用	合计
还原前产成品成本	48 000		3 000	9 000	60 000
第一步骤本月所产半成品成本		40 000	8 000	16 000	64 000
产成品所耗半成品成本还原	-48 000	30 000	6 000	12 000	0
还原后产成品成本		30 000	9 000	21 000	60 000

还原分配率 = 48 000÷64 000 = 0.75

4. 解：

表3-41　　　　　　　　　**产品成本计算单**

生产步骤：第一步骤　　　　　20××年8月　　　　　产品品种：甲产品

项目	直接材料		定额工时	直接人工	制造费用	合计
	定额	实际				
月初在产品成本	67 000	62 000	2 700	7 200	10 000	79 200
本月生产费用	98 000	89 500	6 300	11 700	11 600	112 800
合计	165 000	151 500	9 000	18 900	21 600	192 000
分配率		0.92		2.1	2.4	
应计入产成品成本的份额	125 000	115 000	5 000	10 500	12 000	137 500
月末在产品成本	40 000	36 500	4 000	8 400	9 600	54 500

（1）直接材料分配率 = 151 500÷165 000 = 0.92

（2）直接人工分配率 = 18 900÷9 000 = 2.1

（3）制造费用分配率 = 21 600÷9 000 = 2.4

表3-42　　　　　　　　　**产品成本计算单**

生产步骤：第二步骤　　　　　20××年8月　　　　　产品品种：甲产品

项目	直接材料		定额工时	直接人工	制造费用	合计
	定额	实际				
月初在产品成本			700	1 500	2 500	4 000
本月生产费用			10 900	27 500	29 980	57 480
合计			11 600	29 000	32 480	61 480
分配率				2.5	2.8	
应计入产成品成本的份额			10 000	25 000	28 000	53 000
月末在产品成本			1 600	4 000	4 480	8 480

（1）直接人工分配率 = 29 000÷11 600 = 2.5

（2）制造费用分配率 = 32 480÷11 600 = 2.8

表 3-43　　　　　**产品成本汇总计算表**

产品品种：甲产品　　　　　20××年 8 月　　　　　单位：元

生产步骤	完工产成品数量（件）	直接材料	直接人工	制造费用	合计
第一步…		115 000	10 500	12 000	137 500
第二步…			25 000	28 000	53 000
总成本	500	115 000	35 500	40 000	190 500
单位成本		230	71	80	381

（2）编制完工产成品入库分录

借：库存商品——甲产品　　　　　　　　　　　190 500

　　贷：生产成本——基本生产成本——第一步（甲产品）

　　　　　　　　　　　　　　　　　　　　　137 500

　　　　　　　　　　　　　——第二步（甲产品）

　　　　　　　　　　　　　　　　　　　　　53 000

5. 解：

表 3-44　　　　　**产品成本计算单**

生产步骤：第一步骤　　　　产品名称：B 产品　　　　完工量：150 件

项目	直接材料	直接人工	制造费用	合计
月初在产品成本	27 000	4 200	6 000	37 200
本月发生生产费用	64 800	15 000	17 040	96 840
合计	91 800	19 200	23 040	134 040
分配率	450	100	120	670
应计入产成品成本的份额	67 500	15 000	18 000	100 500
月末广义在产品成本	24 300	4 200	5 040	33 540

（1）直接材料费用分配率=91 800÷（150+30+24）= 450

（2）直接人工分配率=19 200÷（150+30+24×50%）= 100

（3）制造费用分配率=23 040÷（150+30+24×50%）= 120

表 3-45　　　　　　　　　产品成本计算单

生产步骤：第二步骤　　　　产品名称：B 产品　　　　完工量：150 件

项目	直接材料	直接人工	制造费用	合计
月初在产品成本		5 100	6 600	11 700
本月发生生产费用		18 000	18 150	36 150
合计		23 100	24 750	47 850
分配率		140	150	290
应计入产成品成本的份额		21 000	22 500	43 500
月末广义在产品成本		2 100	2 250	4 350

（1）直接人工分配率 = 23 100÷（150+30×50%）= 140

（2）制造费用分配率 = 24 750÷（150+30×50%）= 150

表 3-46　　　　　　　　　产品成本汇总表

产品名称：B 产品　　　　　　　　　　　　　　完工量：150 件

项目	直接材料	直接人工	制造费用	合计
第一步骤应计入产成品成本份额	67 500	15 000	18 000	100 500
第二步骤应计入产成品成本份额		21 000	22 500	43 500
B 产成品总成本	67 500	36 000	40 500	144 000
B 产成品单位成本	450	240	270	960

（六）思考题

答案（略）。

第四章
作业成本法

一、学习目的

通过本章学习，主要达到以下目的：

（1）了解作业成本法产生的背景，理解作业成本法的意义；

（2）掌握作业成本法的概念，掌握作业成本法与传统成本核算方法的区别；

（3）掌握作业成本法的原理及进行作业成本法核算；

（4）理解作业成本法的应用，理解掌握作业成本法的局限性。

二、重点和难点

（一）作业成本法概述

1. 作业成本法概念

作业成本法（Activity Based Costing，ABC），又被称为作业成本分析法、作业成本计算法、作业成本核算法等，是指以作业为间接费用的归集对象，通过资源动因的确认、计量，归集资源费用到作业上，再通过作业动因的确认、计量，归集作业成本到产品或顾客上去的间接费用分配方法。

2. 作业成本法概念体系

（1）资源（Resource）是指企业在生产经营过程中发生的成本、费用项目的来源。它是企业为生产产品，或者是为了保证作业完整正常的执行所必须花费的代价。作业成本法下的资源是指为了产出作业或产品而发生的费用支出，即资源就是指各项费用的总和。

（2）作业（Activity）是指相关的一系列任务的总称，或指组织内为了某种目的而进行的消耗资源的活动。它代表了企业正在进行或已经完成的工作，是连接资源和成本核算对象的桥梁，是对成本进行分配和归集的基础，因而是作业成本法的核心。

作业分为以下四类：单位水平作业、批别水平作业、产品水平作业和支持水平作业。单位作业（Unit Activity）是指使单位产品或顾客受益的作业；批别作业（Batch Activity），是使一批产品受益的作业；产品作业（Product Activity）是为准备各种产品的生产而从事的作业；过程作业（Process Activity）也称为支持水平作业，是指为了支持和管理生产经营活动而进行的作业。

（3）作业中心（Activity Center）是一系列相互联系，能够实现某种特定功能的作业集合。作业中心提供有关每项作业的成本信息，每项作业所消耗资源的信息以及作业执行情况的信息。

（4）成本对象（Cost Objects）是企业需要进行计量成本的对象，是作业成本分配的终点和归属。

（5）成本动因（Cost Driver）又译作业成本驱动因素，是指引发成本的事项或作业，是引起成本发生与变化的内在原因，是对作业的量化表现。

成本动因具有以下基本特征：隐蔽性、相关性、适用性、可计量性。

成本动因可分为资源动因和作业动因。资源动因是作业消耗资源的方式和原因，反映了作业和作业中心对资源的消耗情况，是资源成本分配到作业和作业中心的标准和依据；作业动因是作业发生的原因，是将作业成本或作业中心的成本分配到产品、服务或顾客等成本对象的标准，它也是将资源消耗与最终产出相沟通的中介。

3. 作业成本法与传统成本计算方法的区别

基本原理不同；适用企业类型不同；间接成本的认识和处理方法不同；成本信息结果存在差异。

4. 作业成本法的意义

作业成本法可以为适时生产和全面质量管理提供经济依据；有利于完善企业的预算控制与业绩评价；可以满足战略管理的需要。

（二）作业成本法的基本原理

1. 作业成本法的原理

作业成本法的基本指导思想：作业消耗资源，产品消耗作业。因而，作业成本法将着眼点和重点放在对作业的核算上。其基本思想是在资源和产品（服务）之间引入一个中介——作业，其关键是成本动因的选择和成本动因率的确定。

2. 作业成本法的特征

作业成本法是一种求本溯源的间接成本分配方法，是一种成本计算与成本管理紧密结合的方法。

3. 作业成本法计算步骤

第一步，确认和计量各类资源耗费，将资源耗费归集到各资源库；

第二步，确认作业，划分作业中心；

第三步，确定资源动因，建立作业成本库；

第四步，确认各作业动因，分配作业成本。

（三）作业成本法应用的关键点

①目标必须明确；②最高管理层统一指挥；③作业成本模式的设计要完善；④要赢得全面的支持；⑤推广应用要个性化。

（五）作业成本法的局限性

（1）不是所有企业都适用作业成本法；

（2）采用作业成本法时要考虑其实施成本；

（3）作业成本法本身存在不完善。

三、同步训练

（一）单项选择题

1. 下列各项中，对作业成本法表述不正确的是（ ）。

    A. 是成本核算方法之一

    B. 以作业来管理成本

    C. 以作业为纽带进行直接成本的分配

    D. 以作业为纽带进行共同、联合成本的分配

2. 下列各项中，属于直接人工成本项目归属的作业类别是（ ）。

    A. 单位作业   B. 批别作业

    C. 产品作业   D. 过程作业

3. 下列各项中，不适用于作业成本法的企业是（ ）。

    A. 产品结构复杂   B. 间接费用比重小

    C. 间接费用比重大   D. 生产经营活动种类繁多

4. 下列各项中，属于作业成本计算最基本对象的是（ ）。

    A. 产品   B. 资源

    C. 作业   D. 生产过程

5. 下列各项中，关于作业成本法计算程序的表述，正确的是（ ）。

    A. 资源→成本→产品   B. 资源→产品→成本

    C. 作业→资源→产品   D. 资源→作业→产品

6. 下列各项中，不属于作业成本法应用的关键点是（   ）。

    A. 目标必须明确

    B. 赢得全面的支持

    C. 各级管理层分级指挥

    D. 作业成本模式的设计要完善

7. 下列各项中，不属于批别作业的是（   ）。

    A. 生产协调   B. 设备调试作业

    C. 生产准备作业   D. 原料处理作业

8. 下列各项中，关于单位作业的表述，正确的是（   ）。

    A. 与批次有关   B. 与批次无关

    C. 与产量有关   D. 与产量无关

9. 下列各项中，关于作业中心的表述，不正确的是（   ）。

    A. 作业中心的划分遵循同质性原则

    B. 作业中心提供有关每项作业的成本信息

    C. 可将企业中的每个部门作为一个作业中心

    D. 是一系列相互联系，能够实现某种特定功能的作业集合

10. 下列各项中，关于资源动因的表述，不正确的是（   ）。

    A. 资源动因是作业消耗资源的方式和原因

    B. 反映了作业和作业中心对资源的消耗情况

    C. 是资源成本分配到作业和作业中心的标准和依据

    D. 是将作业或作业中心的成本分配到产品等成本对象的标准

（二）多项选择题

1 下列各项中，属于作业成本法基本概念的有（   ）。

    A. 资源   B. 作业

C. 成本动因　　　　　　D. 成本对象

2. 下列各项中，属于企业业务层次和范围的作业类别有（　　　）。

　　A. 单位水平作业　　　　B. 批别水平作业

　　C. 产品水平作业　　　　D. 支持水平作业

3. 下列各项中，属于成本动因的特征有（　　　）。

　　A. 隐蔽性　　　　　　　B. 相关性

　　C. 适用性　　　　　　　D. 可计量性

4. 下列各项中，关于作业成本法与传统成本计算法区别的表述，正确的有（　　　）。

　　A. 基本原理不同　　　　B. 适用企业类型不同

　　C. 间接成本处理方法不同　D. 成本信息结果存在差异

5. 下列各项中，关于作业成本法对间接成本按照成本动因进行分配具体步骤的表述，正确的有（　　　）。

　　A. 先按作业动因分配到产品

　　B. 再按资源动因分配到作业

　　C. 先按资源动因分配到作业

　　D. 再按作业动因分配到产品

6. 下列各项中，关于作业成本法也存在局限性的表述，正确的有（　　　）。

　　A. 不是所有企业都适用作业成本法

　　B. 对财会人员的素质要求高

　　C. 采用作业成本法时要考虑其实施成本

　　D. 作业成本法本身存在不完善

7. 下列各项中，属于资源项目的有（　　　）。

　　A. 原材料、辅助材料　　B. 燃料与动力费用

　　C. 工资及福利费　　　　D. 折旧费、办公费

8. 下列各项中，属于成本动因的类型的有（　　　）。

　　A. 资源动因　　　　　　B. 成果动因

　　C. 作业动因　　　　　　D. 过程动因

9. 下列各项中，关于应用作业成本法的关键点表述，正确的有（　　　）。

　　A. 目标必须明确

　　B. 要赢得全面的支持

　　C. 最高管理层统一指挥

　　D. 作业成本模式的设计要完善

10. 下列各项中，可以作为作业成本法中成本对象的有（　　　）。

　　A. 产品　　　　　　　　B. 劳务

　　C. 顾客　　　　　　　　D. 市场

(三) 判断题

1. 作业是对成本进行分配和归集的基础，因而是作业成本法的核心。（　　）

2. 产品水平作业成本，与数量和批量成正比例变动，与生产产品的品种数成反比例变动。（　　）

3. 资源动因是作业消耗资源的方式和原因，是资源成本分配到作业和作业中心的标准和依据。（　　）

4. "作业消耗资源，产品消耗作业"是作业成本法的基本指导思想。（　　）

5. 作业成本法仅仅是一种改良的成本核算方法。（　　）

6. 计量和分配带有一定的主观性是作业成本法本身存在不完善的主要表现之一。（　　）

7. 资源动因反映成本对象与作业消耗的逻辑关系，用来分配作业成本。（　　）

8. 作业成本法适用于生产过程中间接费用所占比重较大、产品结构复杂的技术密集型或资金密集型企业。（　　）

9. 作业成本库是作业中心的货币表现形式。（　　）

10. 作业成本法对于所有的成本都按照成本动因进行了两次分配。（　　）

（四）计算分析题

1. 资料：某企业生产甲、乙两种产品，其中甲产品900件、乙产品300件。其作业情况数据见表4-1。

表4-1 单位：元

作业中心	资源耗用（元）	动因	动因量（甲产品）	动因量（乙产品）	合计
材料处理	18 000	移动次数	400	200	600
材料采购	25 000	订单件数	350	150	500
使用机器	35 000	机器小时	1 200	800	2 000
设备维修	22 000	维修小时	700	400	1 100
质量控制	20 000	质检次数	250	150	400
产品运输	16 000	运输次数	50	30	80
合计	136 000				

要求：不考虑其他因素，按作业成本法计算甲、乙两种产品的成本，并填制表4-2。

表4-2 单位：元

作业中心	成本库（元）	动因量	动因率	甲产品	乙产品
材料处理	18 000	600			
材料采购	25 000	500			
使用机器	35 000	2 000			
设备维修	22 000	1 100			
质量控制	20 000	400			
产品运输	16 000	80			
合计总成本	136 000				
单位成本					

2. 某制造厂生产甲、乙两种产品，有关资料如下：

（1）甲、乙两种产品2015年1月份的有关成本资料见表4-3。

表4-3

产品名称	甲	乙
产量	100	200
直接材料单位成本	50	80
直接人工单位成本	40	30

（2）月初甲产品在产品制造费用（作业成本）为3 600元，乙产品在产品制造费用（作业成本）为4 600元；月末在产品数量，甲为40件、乙为60件，总体完工率均为50%；按照约当产量法在完工产品和在产品之间分配制造费用（作业成本），本月发生的制造费用（作业成本）总额为50 000元，相关作业有4个。有关资料见表4-4。

表4-4

作业名称	质量检验	订单处理	机器运行	设备调整准备
成本动因	检验次数	生产订单份数	机器小时数	调整准备次数
作业成本	4 000	4 000	40 000	2 000
甲耗用作业量	5	30	200	6
乙耗用作业量	15	10	800	4

（3）不考虑其他因素。

要求：

（1）用作业成本法计算甲、乙两种产品的单位成本；

（2）以机器小时作为制造费用的分配标准，采用传统成本计算法计算甲、乙两种产品的单位成本；

（3）假设决策者计划让单位售价高于单位成本10元，根据第（2）问的结果确定甲、乙两种产品的销售单价，试分析可能造成的损失。

（五）思考题

1. 什么是作业成本法？作业成本法是在什么背景下产生的？
2. 解释资源、作业、作业中心、成本对象、成本动因。

3. 试述作业成本法与传统的成本核算方法的区别。

4. 解释作业成本法的原理与特征。

5. 企业采用作业成本法应注意什么问题？

四、同步训练答案

（一）单项选择题

1. C　　2. A　　3. B　　4. C　　5. D　　6. C

7. A　　8. C　　9. C　　10. D

（二）多项选择题

1. ABCD　2. ABCD　3. ABCD　4. ABCD　5. ACD

6. ACD　7. ABCD　8. AC　　9. ABCD　10. ABCD

（三）判断题

1. √　　2. ×　　3. √　　4. √　　5. ×　　6. √

7. ×　　8. √　　9. √　　10. ×

（四）计算分析题

1.

表 4-5　　　　　　　　　　　　　　　　　　　　　　　　　单位：元

作业中心	成本库	动因量	动因率	甲产品	乙产品
材料处理	18 000	600	30	12 000	6 000
材料采购	25 000	500	50	17 500	7 500
使用机器	35 000	2 000	17.5	21 000	14 000
设备维修	22 000	1 100	20	14 000	8 000
质量控制	20 000	400	50	12 500	7 500
产品运输	16 000	80	200	10 000	6 000
合计总成本	136 000			87 000	49 000
单位成本				96.67	163.33

2.

（1）质量检验作业成本分配率 = 4 000/（5+15）

　　　　　　　　　　　= 200（元/次）

订单处理作业成本分配率 = 4 000/（10+30）= 100（元/份）

机器运行作业成本分配率 = 40 000/（200+800）

　　　　　　　　　　　= 40（元/小时）

调整准备作业成本分配率 = 2 000/（6+4）= 200（元/次）

甲产品分配的本月发生的作业成本：

200×5+100×30+40×200+200×6 = 13 200（元）

单位作业成本：

（13 200+3 600）/（100+40×50%）= 140（元/件）

单位成本：50+40+140 = 230（元/件）

乙产品分配的本月发生的作业成本：

200×15+100×10+40×800+200×4 = 36 800（元）

单位作业成本：（36 800+4 600）/（200+60×50%）

　　　　　　　　　= 180（元/件）

单位成本：80+30+180 = 290（元/件）

（2）本月发生制造费用分配率：

50 000/（200+800）= 50（元/小时）

甲产品分配的本月发生的制造费用：

50×200 = 10 000（元）

甲产品单位制造费用：

（10 000+3 600）/（100+40×50%）= 113.33（元/件）

甲产品单位成本：

50+40+113.33 = 203.33（元/件）

乙产品分配的本月发生的制造费用：

50×800 = 40 000（元）

乙产品单位制造费用：

（40 000+4 600）/（200+60×50%）= 193.91（元/件）

乙产品单位成本：80+30+193.91 = 303.91（元/件）

（3）与传统的成本计算方法相比，作业成本法能够提供更加真实、准确的成本信息。

本题中甲产品的真实单位成本应该是 230 元，而决策者制定的单位售价为 203.33+10＝213.33（元）。如果与传统的单位成本（203.33 元）比较，好像有利可图，结果实际上是在畅销的同时，每销售一件产品，就要亏损 230−213.33＝16.67 元，如果按照作业成本法计算，则会避免这个决策失误；对于乙产品而言，真实单位成本应该是 290 元，显然 303.91+10＝313.91 元的定价偏高，会对销量产生负面影响，给企业造成损失。而如果按照作业成本法计算，把单位售价降低一些，则会避免这个损失的发生。

（五）思考题

答案（略）。

第五章
产品成本核算的其他方法

一、学习目的

通过本章学习，主要达到以下目的：

1. 了解分类法的主要目的和计算程序，并掌握系数法的计算；

2. 了解变动成本法的含义，掌握变动成本法与完全成本法的区别；

3. 了解定额成本法的含义，掌握定额成本法的成本计算。

二、重点和难点

（一）分类法

1. 分类法的概念和适用范围

（1）什么是分类法？

分类法是指以产品的类别作为成本的计算对象，用以归集生产费用，计算出各类产品实际成本，再在类内各种产品之间进行成本分配，计算出类内各种产品成本的方法。

（2）为什么要使用分类法？

采用分类法可以简化产品成本的计算工作。

（3）什么情况下可以采用分类法？

凡是产品的品种繁多，而且可以按照一定的要求或标准划分为若干类别的企业或车间，都可以用分类法计算产品成本。分类法可以将品种相同、规格不同，或者所耗用原材料和工艺过程基本相同的产品作为一类。

分类法与生产的类型没有直接的关系，因而可以在各种类型的生产中应用，但必须建立在分步法、分批法和品种法基础之上。

2. 分类法的特点

按照产品类别归集费用，计算成本；同一类产品内不同品种产品的成本采用一定的分配方法分配确定。即先按照产品的类别设立产品成本明细账，归集产品的生产费用，计算各类产品成本；然后选择合理的分配标准，在每类产品的各种产品之间分配费用，计算每类产品内各种产品的成本。

3. 分类法的计算程序

（1）划分产品类别，计算类别产品成本。根据产品的结构、所耗用原材料和产品生产工艺过程的不同，将产品划分为若干类别，按照产品的类别设置生产成本明细账，归集和分配生产费用，并计算出各类别完工产品成本。

划分产品类别应注意：类距定得过大，会影响成本计算的正确性；类距定得过小，会使成本计算工作复杂。而在选择类内产品费用分配标准时，应尽量选择与产品成本的高低关系较大的分配标准。

（2）计算类内各种产品成本。同类产品内各种产品之间可以选择合理的分配标准，将某一类完工产品成本在类内的各种产品之间进行分配，计算出类内各种产品成本。

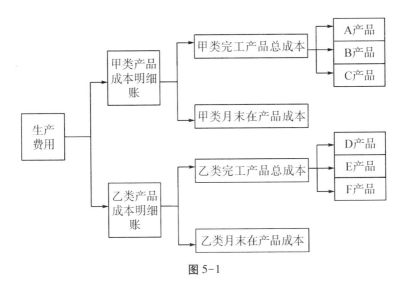

图 5-1

4. 在同一类别的不同产品之间分配成本的方法

（1）按产量、消耗定额等指标分配成本，如重量、体积、面积、长度、售价、定额消耗量、定额成本等。

（2）按产品系数分配成本。为了简化分配工作，也可以将分配标准折算成相对固定的系数，按照固定的系数分配同类产品内各种产品的成本。确定系数时，一般是在同类产品中选择一种产量较大、生产比较稳定或规格折中的产品作为标准产品，把这种产品的分配标准额的系数定为"1"；用其他各种产品的分配标准额与标准产品的分配标准额相比，求出其他产品的分配标准额与标准产品的分配标准额的比率，即系数。系数一经确定，应相对稳定，不应任意变更。在分类法中，按照系数分配同类产品内各种产品成本的方法，也叫系数法。因此，系数法是分类法的一种，也可以称为简化的分类法。运用系数法计算类内各种产品成本的计算程序如下：

①在某一类别产品中选择其中的一种产品为标准产品，并确定其系数为"1"。

②以标准产品分配标准额为依据，分别确定类内其他各种产品的系数。其计算公式为：

$$类内某种产品的系数 = \frac{该种产品的分配标准额}{标准产品的分配标准额}$$

③计算类内各种产品的标准产量，也可以称为总系数。其计算公式为：

$$类内某种产品的标准产量 = 该种产品的实际产量 \times 该种产品的系数$$

④计算各成本项目费用分配率。其计算公式为：

$$某类产品某项费用分配率 = \frac{该类完工产品该项费用总额}{该类内各种产品标准产量之和}$$

⑤计算类内各种产品各成本项目费用。其计算公式为：

$$类内某种产品应负担的某项费用 = 该种产品的标准产量 \times 该类产品该项费用分配率$$

⑥计算类内各种产品总成本和单位成本。其计算公式为：

类内某种产品总成本 = 该种产品各成本项目费用之和

$$类内某种产品单位成本 = \frac{该种产品总成本}{该种产品实际产量}$$

（二）变动成本法

1. 变动成本法与完全成本法的比较分析

表 5-1   变动成本法与完全成本法的比较分析

	变动成本法	完全成本法
概念	是指在计算产品成本时，只将生产过程中所消耗的直接材料、直接人工和变动制造费用作为产品成本的内容，而将固定制造费用及非生产成本作为期间成本的一种成本计算方法。	即传统成本计算方法。
应用的前提条件不同	要求进行成本性态分析，把全部成本划分为变动成本和固定成本。	要求把全部成本按其发生的领域或经济用途分为生产成本和非生产成本。

表5-1(续)

	变动成本法	完全成本法
产品成本及期间成本的构成内容不同	产品成本全部由变动生产成本构成，包括直接材料、直接人工和变动制造费用，期间成本由全部固定生产成本和全部变动性非生产成本之和构成。	产品成本包括全部生产成本，即直接材料、直接人工、制造费用，期间成本则仅包括全部非生产成本。
销货成本及存货成本水平不同	固定制造费用作为期间成本直接计入当期损益，因而没有转化为销货成本或存货成本的可能。	固定制造成本计入产品成本，当期末存货不为零时，本期发生的固定制造费用需要在本期销货和期末存货之间分配，被销货吸收的固定制造费用计入本期损益，被期末存货吸收的固定制造费用递延到下期。
常用的销货成本计算公式不同	本期销货成本=单位变动生产成本×本期销货量	本期销货成本=期初存货成本+本期发生产品成本-期末存货成本
损益确定程序不同	按贡献式损益确定程序计量营业损益。 贡献边际=营业收入-变动成本 营业利润=贡献边际-固定成本	按传统式损益确定程序计量营业损益。 营业毛利=营业收入-营业成本 营业利润=营业毛利-营业费用
所提供信息的用途不同（最本质区别）	主要满足内部管理的需要，利润与销售量之间有一定规律性联系	主要满足对外提供报表的需要，利润与销售量之间的联系缺乏规律性

87

2. 变动成本法与完全成本法下营业净利润计算的比较分析

在各期单位变动成本、固定制造费用相同的情况下：

生产量=销售量时，两种成本法所确定营业净利润相等。

生产量<销售量时，采用完全成本法所确定营业净利润<采用变动成本法所确定营业净利润。

生产量>销售量时，采用完全成本法所确定营业净利润>采用变动成本法所确定营业净利润。

在其他条件不变的情况下，只要某期完全成本法下期末存货吸收的固定制造费用与期初存货释放的固定制造费用的水平相同，就意味着两种成本法计入当期损益表的固定制造费用的数额相同，两种成本法的当期营业净利润必然相等；如果某期完全成本法下期末存货吸收的固定制造费用与期初存货释放的固定制造费用的水平不同，就意味着两种成本法计入当期损益表的固定制造费用的数额不同，一定会使两种成本法的当期营业净利润不相等。用公式表示如下：

$$\begin{matrix} \text{完全成本法计入当期} \\ \text{损益表的固定制造费用} \end{matrix} = \begin{matrix} \text{期初存货释放的} \\ \text{固定制造费用} \end{matrix} + \begin{matrix} \text{本期发生的} \\ \text{固定制造费用} \end{matrix}$$

$$- \begin{matrix} \text{期末存货吸收的} \\ \text{固定制造费用} \end{matrix}$$

$$\begin{matrix} \text{变动成本法计入当期损益表的} \\ \text{固定制造费用} \end{matrix} = \text{本期发生的固定制造费用}$$

$$\begin{matrix} \text{两种成本法计入当期损益表} \\ \text{固定制造费用的差额} \end{matrix} = \begin{matrix} \text{完全成本法下期初存货} \\ \text{释放的固定制造费用} \end{matrix}$$

$$- \begin{matrix} \text{完全成本法下期末存货} \\ \text{吸收的固定制造费用} \end{matrix}$$

$$\begin{matrix} \text{两种成本法计入当期} \\ \text{营业净利润的差额} \end{matrix} = \begin{matrix} \text{完全成本法下期初存货} \\ \text{释放的固定制造费用} \end{matrix}$$

$$- \begin{matrix} \text{完全成本法下期末存货} \\ \text{吸收的固定制造费用} \end{matrix}$$

3. 变动成本法与完全成本法的结合

在实际工作中常采用以下三种方法处理这两种成本计算方法之间的关系。

第一种观点是采用"双轨制"。即在完全成本法核算资料之外，另外设置一套变动成本法的核算系统，提供两套平行的成本核算资料，对外报告按完全成本法进行，对内管理采用变动成本法，分别满足不同的需要。

第二种观点是采用"单轨制"。即以变动成本法完全取代完全成本法，最大限度地发挥变动成本法的优点。

第三种观点是采用"结合制"。即将变动成本法与完全成本法结合使用，日常核算建立在变动成本法的基础上，以满足企业内部经营管理的需要；期末对需要按完全成本法反映的有关项目进行调整，以满足对外报告的需要。

（三）定额成本法

1. 采用定额成本法如何计算产品成本？

产品实际成本的计算公式为：

$$\text{完工产品实际成本}=\text{完工产品定额成本}\pm\text{脱离定额差异}\pm\text{定额变动差异}\pm\text{材料成本差异}$$

在定额法下，分配成本差异时，应按脱离定额差异、材料成本差异和月初在产品定额变动差异分别进行。差异金额不大，或者差异金额虽大但各月在产品数量变动不大的，可以归由完工产品成本负担；差异金额较大而且各月在产品数量变动也较大的，应在完工产品与月末在产品之间按定额成本比例分配。

分配各种成本差异以后，根据完工产品的定额成本，加减应负担的各种成本差异，即可计算完工产品的实际成本；根据月末在产品的定额成本，加减应负担的各种成本差异，即可计算月末在产品的实际成本。

2. 定额成本法下的成本计算程序。

在定额成本制度下，产品实际成本的计算可以遵照以下程序进行：

（1）按产品别编制月初产品定额成本表，若定额有修订，应在该表中注明。

（2）按成本计算对象设置成本明细账，按成本项目设置"期初在产品成本""本月产品费用""生产费用累计""完工产品成本"和"月末在产品成本"等专栏，各栏又分为"定额成本""脱离定额差异""定额变动差异""材料成本差异"各小栏。

（3）编制费用分配明细表，各项费用应按定额成本和脱离定额差异进行汇总和分配。

（4）登记各产品成本明细账。产品明细账中的期初在产品成本各栏目可以根据上月成本明细账中的期末在产品各栏目填列。若月初定额有降低，可在"月初在产品定额成本变动"栏中的"定额成本调整"栏用"-"号表示,同时,在"定额变动差异"栏用"+"符号表示;若定额成本有提高,则在"定额成本调整"栏用"+"号表示,同时,在"定额变动差异"栏用"-"号表示。

（5）分配计算完工产品和月末在产品成本。产成品的定额成本应根据事先编制好的产品定额成本表中产品月初成本定额乘上产成品数量求得；然后,根据"生产费用累计"中的定额成本合计减去产成品的定额成本,就是月末在产品的定额成本。

（6）如果有不可修复废品,应按成本项目计算其定额成本,并按定额成本分配计算定额差异或定额变动差异以及材料成本差异,但若不可修复废品不多时,也可以不承担这些差异。废品成本计算出来后,连同可修复废品的修复费用记入"废品损失"成本项目的"本月产品费用"中的"脱离定额差异"小栏内,并全部由产成品负担。

（7）产成品的实际成本由产成品的定额成本加减脱离定额差异和定额变动差异等求得,并可以进行成本的事后分析。

（8）成本核算人员应将成本核算、分析结果及改进建议上报单位负责人,由单位负责人对成本控制做出最后的决策和评价。

3. 定额成本如何制定？

产品的定额成本包括直接材料定额成本、直接人工定额成本、制造费用定额成本。其计算公式分别为：

$$\text{直接材料定额成本} = \text{直接材料定额耗用量} \times \text{材料计划单价}$$

$$= \text{本月投产量} \times \text{单位产品材料消耗定额} \times \text{材料计划单价}$$

$$\text{直接人工定额成本} = \text{产品定额工时} \times \text{计划小时工资率}$$

$$= \text{产品约当产量} \times \text{单位产品工时定额} \times \text{计划小时工资率}$$

$$\frac{制造费用}{定额成本} = \frac{产品}{定额工时} \times \frac{计划小时}{费用率}$$

$$= \frac{产品}{约当产量} \times \frac{单位产品}{工时定额} \times \frac{计划小时}{费用率}$$

定额成本的制定一般是通过编制产品定额成本计算表的方式进行的。该表可以先按零件编制，然后汇总编制部件。若产品零部件较多，也可以不编制零部件定额成本表而直接编制产品定额成本表。

4. 各项差异如何计算？

（1）脱离定额差异的计算。

脱离定额差异是指在生产过程中，各项生产费用的实际支出脱离现行定额或预算的数额，包括直接材料脱离定额差异的计算、直接人工脱离定额差异的计算、制造费用脱离定额差异的计算。现分述如下：

①直接材料脱离定额差异的计算。直接材料脱离定额差异是指生产过程中产品实际耗用材料数量与其定额耗用量之间的差异。其计算公式为：

$$\frac{直接材料}{脱离定额差异} = \sum[（材料实际耗用量-材料定额耗用量）$$

$$\times 材料计划单价]$$

在实际工作中，计算直接材料脱离定额差异的方法，一般有限额法、切割法和盘存法。

②直接人工脱离定额差异的计算。人工费用脱离定额差异的计算因采用的工资制度不同而有所区别。

在计件工资制度下，直接人工费用属于直接计入费用，按计件单价支付的生产工人工资及福利费就是定额工资，没有脱离定额差异。因此，在计件工资制下，脱离定额的差异往往是指因工作条件变化而在计件单价之外支付的工资、津贴、补贴等。符合定额的生产工人工资，应该反映在产量记录中，脱离定额的差异通常反映在专设的补付单等差异凭证中。

在计时工资形式下，生产工人工资属于间接计入费用，其脱离定额的差异不能在平时按照产品直接计算，只有在月末实际生产工人工资总额确定以后，才能按照下列公式计算：

$$计划小时工资率 = \frac{计划产量的定额直接工人费用}{计划产量的定额生产工时}$$

$$实际小时工资率 = \frac{实际直接人工费用总额}{实际生产工时总额}$$

$$\begin{matrix}某产品定额\\直接人工费用\end{matrix} = \begin{matrix}该产品实际完成的\\定额生产工时\end{matrix} \times \begin{matrix}计划小时\\工资率\end{matrix}$$

$$\begin{matrix}某产品实际\\直接人工费用\end{matrix} = 该产品实际生产工时 \times 实际小时工资率$$

$$\begin{matrix}某产品直接人工\\脱离定额的差异\end{matrix} = \begin{matrix}该产品实际\\直接人工费用\end{matrix} - \begin{matrix}该产品定额\\直接人工费用\end{matrix}$$

不论采用哪种工资形式，都应根据上述核算资料，按照成本计算对象汇编定额直接人工费用定额和脱离定额差异汇总表。

③制造费用脱离定额差异的计算。制造费用差异的日常核算，通常是指脱离制造费用计划的差异核算。各种产品所应负担的定额制造费用和脱离定额的差异，只有在月末时才能比照上述计时工资的计算公式确定。

（2）定额变动差异的计算。

由于生产技术的进步和劳动生产率的提高，原来制定的消耗定额或费用定额一定时期后需要修订，修订后的新定额与修订前的旧定额之间的差异，就是定额变动差异。

定额的修订一般在月初进行。因而，根据一致性原则，必须将月初在产品旧定额成本按新定额进行调整，计算月初在产品由于定额本身变动而产生的定额变动差异。可以按照定额变动系数进行计算。其公式为：

$$定额变动系数 = \frac{按新定额计算的单位产品成本}{按旧定额计算的单位产品成本}$$

$$\begin{matrix}月初在产品\\定额变动差异\end{matrix} = \begin{matrix}按旧定额计算的\\月初在产品成本\end{matrix} \times （1 - 定额变动系数）$$

需要说明的是，计算定额变动只是为了统一计量基础，并不改变产品成本总额。因此，在定额降低时，应同金额减少定额成本和增加定额变动；在定额提高时，应同金额增加定额成本和减少定额变动。

（3）材料成本差异的计算。

在定额法下，材料的日常核算一般按计划成本进行，材料脱离定额差异只是以计划单价反映的消耗量上的差异（量差），未包括价格因素。因此，月末计算产品的实际材料费用时，需计算所耗材料应分摊的成本差异，即所耗材料的价格差异（价差）。其计算公式为：

$$\begin{array}{l}某产品应分配\\的材料成本差异\end{array} = \left(\begin{array}{l}该产品材料\\定额成本\end{array} \pm \begin{array}{l}材料脱离\\定额差异\end{array}\right) \times \begin{array}{l}材料成本\\差异率\end{array}$$

三、同步训练

（一）单项选择题

1. 下列各项中，适用于产品成本计算的分类法计算成本的是（　　）。

    A. 品种、规格繁多的产品

    B. 可以按照一定标准分类的产品

    C. 只适用于大量大批生产的产品

    D. 品种、规格繁多，而且可以按照一定标准分类的产品

2. 下列各项中，属于按照系数比例分配同类产品中各种产品成本的方法是（　　）。

    A. 简化的分类法

    B. 分配间接费用的方法

    C. 单独的产品成本计算方法

    D. 完工产品和月末在产品之间分配费用的方法

3. 下列各项中，关于采用分类法目的的表述，正确的是（　　）。

A. 分类计算产品成本

B. 准确计算各种产品的成本

C. 简化各种产品的成本计算工作

D. 简化各类产品的成本计算工作

4. 下列各项中，关于产品成本的定额法适用范围的表述，正确的是（　　）。

A. 与生产的类型没有直接关系

B. 与生产的类型有直接的关系

C. 只适用于小批单件生产的企业

D. 只适用于大批大量生产的机械制造企业

5. 下列各项中，关于原材料脱离定额差异的表述，正确的是（　　）。

A. 价格差异　　　　　　B．定额变动差异

C. 原材料成本差异　　　D．数量差异

6. 下列各项中，需要计算定额变动差异的是（　　）。

A. 月初在产品　　　　　B．月末在产品

C. 本月投入产品　　　　D．本月完工产品

7. 下列各项中，关于定额成本的表述，正确的是（　　）。

A. 本企业确定的计划成本　B．本企业实际发生的成本

C. 先进企业的平均成本　　D．本企业成本控制的目标

8. 下列各项中，在变动成本法下不应计入产品成本的是（　　）。

A. 直接材料　　　　　　B．直接人工

C. 固定制造费用　　　　D．变动制造费用

9. 某企业生产 20 件产品，耗用直接材料 100 元，直接人工 60 元，变动制造费用 80 元，固定制造费用 60 元，则在完全成本法单位产品成本为（　　）元。

A. 5　　　　　　　　　　B．8

C. 12　　　　　　　　　　D．15

10. 已知某企业只生产一种产品，本期完全成本法下期初存货成本中的固定制造费用为 3 000 元，期末存货成本中的固定制

造费用为 1 000 元，按变动成本法确定的利润为 50 000 元，假定没有在产品存货。则按照完全成本法确定的本期利润为（   ）元。

A. 48 000   B. 50 000

C. 51 000   D. 52 000

（二）多项选择题

1. 采用分类法计算成本时，下列各项中，可作为产品可归类标准的有（   ）。

A. 产品的售价

B. 产品的性质和用途

C. 产品生产工艺技术过程

D. 产品结构和耗用原材料

2. 下列各项中，属于类内不同品种规格、型号产品之间成本分配的标准有（   ）。

A. 定额总费用量   B. 定额耗用总量

C. 产品重量、体积   D. 产品编号顺序

3. 下列产品中可以作为同一个成本核算对象的有（   ）。

A. 灯泡厂同一类别不同瓦数的灯泡

B. 炼油厂同时生产出的汽油、柴油、煤油

C. 机床厂各车间同时生产的车床、刨床、铣床

D. 无线电元件厂同一类别不同规格的无线电元件

4. 下列各项中，属于确定类内不同规格、型号产品系数的依据有（   ）。

A. 产品售价   B. 产品定额费用

C. 产品定额耗用量   D. 产品体积、面积等

5. 下列各项中，关于变动成本法和完全成本法的表述，正确的有（   ）。

A. 在完全成本法下，全部成本都计入产品成本

B. 在变动成本法提供的资料不能充分满足决策的需要

C. 在变动成本法下，利润＝销售收入－销售成本－固定制造费用－销售和管理费用

D. 在完全成本法下，各会计期发生的全部生产成本要在完工产品和在产品之间分配

6. 在变动成本法下，下列各项中，属于期间成本的有（　　　　）。

A. 直接材料　　　　　　　B. 管理费用

C. 销售费用　　　　　　　D. 固定制造费用

7. 在变动成本法中，下列各项中，属于产品成本的有（　　　　）。

A. 直接材料费用　　　　　B. 直接人工费用

C. 固定制造费用　　　　　D. 变动制造费用

8. 采用定额法计算产品成本时，下列各项中，属于产品实际成本的组成项目有（　　　　）

A. 定额成本　　　　　　　B. 脱离定额差异

C. 材料成本差异　　　　　D. 定额变动差异

9. 下列各项中，属于制定定额成本的依据有（　　　　）。

A. 现行材料消耗定额　　　B. 现行工时消耗定额

C. 现行费用定额　　　　　D. 其他有关资料

10. 下列各项中，属于企业采用定额法计算产品成本应当具备的条件有（　　　　）。

A. 定额管理制度比较健全

B. 定额管理基础工作比较好

C. 产品生产已经定型

D. 各项消耗定额比较准确、稳定

（三）判断题

1. 分类法不是成本计算的基本方法，它与企业生产类型没有直接关系。　　　　　　　　　　　　　　　（　　　）

2. 分类法应以各种产品品种作为成本核算对象。　　（　　　）

3. 用分类法计算出的类内各种产品的成本具有一定的假定性。　　　　　　　　　　　　　　　　　　　　（　　　）

4. 只有大量大批生产的企业才能采用定额法计算产品成本。

（　　）

5. 定额成本是一种目标成本，是企业进行成本控制和考核的依据。 （　　）

6. 定额变动差异是产品生产过程中实际生产费用脱离现行定额的差异。 （　　）

7. 脱离定额差异也可以与定额变动差异合并为一个项目。

（　　）

8. 成本性态分析的最终结果是将企业的全部成本区分为变动成本、固定成本和混合成本三大类。 （　　）

9. 成本按习性分类是变动成本法应用的前提条件。（　　）

10. 在变动成本法下，本期利润不受期初、期末存货变动的影响；而在完全成本法下，本期利润受期初、期末存货变动的影响。 （　　）

（四）计算分析题

1. 某企业生产 A、B、C 三种产品，所耗用的原材料和产品的生产工艺相同，因此归为一类产品，即甲类产品，采用分类法计算产品成本。200×年 6 月份有关成本计算资料如下：

（1）月初在产品成本和本月生产费用见表 5-2。

表 5-2　　　月初在产品成本和本月生产费用表　　　单位：元

摘要	直接材料	直接人工	制造费用	合计
月初在产品成本	18 400	16 340	57 340	92 080
本月生产费用	232 000	96 760	114 800	443 560

（2）各种产品本月产量资料和定额资料见表 5-3。

表 5-3　　　各种产品本月产量资料和定额资料表

产品名称	本月实际产量(件)	材料消耗定额(元)	工时消耗定额(元)
A	400	300	21
B	600	600	15
C	300	720	24

（3）B产品为标准产品；甲类产品采用月末在产品按固定成本计算法在完工产品与在产品之间进行分配。

（4）不考虑其他因素。

要求：

（1）完成甲类产品成本计算单，见表5-4。

表5-4 　　　　　　　　甲类产品成本计算单

200×年6月 　　　　　　　　　　　　　单位：元

摘要	直接材料	直接人工	制造费用	合计
月初在产品成本	18 400	16 340	57 340	92 080
本月生产费用	232 000	96 760	114 800	443 560
生产费用合计				
本月完工产品总成本				
月末在产品成本				

（2）计算各种产品系数和本月总系数，见表5-5。

表5-5 　　　　　　　　甲类产品系数计算表

200×年6月 　　　　　　　　　　　　　单位：元

产品名称	本月实际产量	材料消耗定额	材料系数	材料总系数	工时消耗定额	工时系数	工时总系数
A	400	300			21		
B	600	600			15		
C	300	720			24		
合计							

（3）采用系数分配法计算类内各种产品成本和单位成本，完成类内各种产品成本计算表，见表5-6。

表 5-6　　　　　　　　类内各种产品成本计算表

产品类别：甲类　　　　　　　200×年 6 月　　　　　　　单位：元

产品	本月实际产量	总系数		总成本				单位成本
		直接材料	加工费用	直接材料	直接人工	制造费用	成本合计	
分配率								
A	400							
B	600							
C	300							
合计								

2. 练习副产品成本的计算。

资料：某企业在生产甲产品的同时附带生产出 C 副产品，C 副产品分离后需进一步加工才能出售。本月甲产品及其副产品共发生成本 300 000 元，其中直接材料占 50%、直接人工占 20%、制造费用占 30%。C 副产品进一步加工发生直接人工费用 4 000 元、制造费用 5 000 元。本月生产甲产品 5 000 千克，C 副产品 4 000 千克。C 副产品单位售价为 24 元，单位税金和利润合计为 4 元，不考虑其他因素。

要求：

（1）按副产品负担可归属成本，又负担分离前联合成本（售价减去销售税金和利润）的方法计算 C 副产品成本，填制完成副产品成本计算单；

（2）计算甲产品实际总成本和单位成本。

表 5-7　　　　　　　　副产品成本计算单

产品：C 产品　　　　　　20××年 5 月　　　　　　产量：4 000 千克

成本项目	分摊的联合成本	可归属成本	副产品总成本	副产品单位成本
直接人工				
直接材料				
制造费用				
合　计				

3. 某企业生产 20 件产品,耗用直接材料 100 元、直接人工 120 元、变动制造费用 80 元、固定制造费用 40 元。假设本期销售 18 件产品,期末库存产成品 2 件,没有在产品存货。该企业产品售价 25 元/件,变动销售及管理费用 3 元/件,固定销售及管理费用 50 元/月,不考虑其他因素。

要求:分别计算完全成本法和变动成本法下的产品总成本和单位成本、期末存货价值、利润,并说明两种方法计算的利润出现差异的原因。

4. A 产品采用定额法计算成本。本月有关 A 产品原材料费用的资料如下:

(1) 月初在产品定额费用为 1 000 元,月初在产品脱离定额的差异为节约 50 元,月初在产品定额费用调整后降低 20 元。定额变动差异全部由完工产品负担。

(2) 本月定额费用为 24 000 元,本月脱离定额的差异为节约 500 元。

(3) 本月原材料成本差异率为节约 2%,材料成本差异全部由完工产品成本负担。

(4) 本月完工产品的定额费用为 22 000 元。

(5) 不考虑其他因素。

要求:

(1) 计算月末在产品的原材料定额费用。

(2) 计算完工产品和月末在产品的原材料实际费用(脱离定额差异按定额费用比例在完工产品和月末在产品之间分配)。

(五) 简答题

1. 什么是分类法?有什么特点?
2. 简述分类法的优缺点和使用时应注意的问题。
3. 简述变动成本法的局限性。
4. 什么是定额成本法?有什么特点?
5. 简述定额法的应用条件。

四、同步训练答案

（一）单项选择题

1. D　　2. A　　3. C　　4. A　　5. D　　6. A
7. D　　8. C　　9. D　　10. A

（二）多项选择题

1. BCD　　2. ABC　　3. ABD　　4. ABCD　　5. BCD
6. BCD　　7. ABD　　8. ABCD　　9. ABCD　　10. AB

（三）判断题

1. √　　2. ×　　3. √　　4. ×　　5. √　　6. ×
7. ×　　8. ×　　9. √　　10. ×

（四）计算分析题

1.（1）完成甲类产品成本计算单，见表5-8。

表5-8　　　　　甲类产品成本计算单

200×年6月　　　　　　　　单位：元

摘要	直接材料	直接人工	制造费用	合计
月初在产品成本	18 400	16 340	57 340	92 080
本月生产费用	232 000	96 760	114 800	443 560
生产费用合计	250 400	113 100	172 140	535 640
本月完工产品总成本	232 000	96 760	114 800	443 560
月末在产品成本	18 400	16 340	57 340	92 080

（2）计算各种产品系数和本月总系数，见表5-9。

表 5-9　　　　　　　　甲类产品系数计算表

200×年 6 月　　　　　　　　　　　单位：元

产品名称	本月实际产量	材料消耗定额	材料系数	材料总系数	工时消耗定额	工时系数	工时总系数
A	400	300	0.5	200	21	1.4	560
B	600	600	1	600	15	1	600
C	300	720	1.2	360	24	1.6	480
合计				1 160			1 640

（3）采用系数分配法计算类内各种产品成本和单位成本，完成类内各种产品成本计算表，见表 5-10。

表 5-10　　　　　　类内各种产品成本计算表

产品类别：甲类　　　　　200×年 6 月　　　　　　单位：元

产品	本月实际产量	总系数		总成本				单位成本
		直接材料	加工费用	直接材料	直接人工	制造费用	成本合计	
分配率				200	59	70		
A	400	200	560	40 000	33 040	39 200	112 240	280.6
B	600	600	600	120 000	35 400	42 000	197 400	329
C	300	360	480	72 000	28 320	33 600	133 920	446.4
合计		1 160	1 640	232 000	96 760	114 800	443 560	

2.（1）副产品应负担的联合成本

＝4 000×（24-4）-（4 000+5 000）

＝80 000-9 000

＝71 000（元）

其中：

直接材料成本＝71 000×50%＝35 500（元）

直接人工成本＝71 000×20%＝14 200（元）

制造费用成本＝71 000×30%＝21 300（元）

表 5-11　　　　　　　　　　副产品成本计算单

产品：C 产品　　　　　　　　　20××年 5 月　　　　　　　　产量：4 000 千克

成本项目	分摊的联合成本	可归属成本	副产品总成本	副产品单位成本
直接人工	35 500		35 500	8.875
直接材料	14 200	4 000	18 200	4.55
制造费用	21 300	5 000	26 300	6.575
合　　计	71 000	9 000	80 000	20

（2）甲产品实际总成本 = 300 000-71 000 = 229 000（元）

甲产品单位成本 = 229 000÷5 000 = 45.8（元/千克）

3．（1）计算产品总成本和单位成本

采用完全成本法：

产品总成本 = 100+120+80+40 = 340（元）

单位成本 = 340÷20 = 17（元）

采用变动成本法：

产品总成本 = 100+120+80 = 300（元）

单位成本 = 300÷20 = 15（元）

（2）计算期末存货价值

采用完全成本法：

期末存货价值 = 2×17 = 34（元）

采用变动成本法：

期末存货价值 = 2×15 = 30（元）

（3）计算利润

采用完全成本法，见表 5-12。

表 5-12　　　　　　　　　　利润计算表

项目	金额（元）
销售收入（25 元×18 件）	450
减：销售成本（17 元×18 件）	306
毛利	144
减：销售及管理费用（3 元×18 件+50 元）	104
利润	40

103

采用变动成本法，见表5-13。

表5-13　　　　　　　　　利润计算表

项目	金额（元）
销售收入（25元×18件）	450
减：销售成本（15元×18件）	270
边际贡献（制造）	180
减：期间成本	
固定制造费用	40
销售与管理费用（3元×18件+50）	104
利润	36

两种成本计算方法确定的利润相差4元（40-36）。其原因是：由于本期产量大于销售量，期末存货增加了2件，2件存货的成本包含了4元固定制造费用。在变动成本法下扣除的固定制造费用为40元（2×20），在完全成本法下扣除的固定制造费用为36元（2×18），所以利润相差4元。

4. 月末在产品的原材料定额费用

=1 000-20+24 000-22 000

=2 980（元）

原材料脱离定额差异率

=（-50-500）÷（22 000+2 980）×100%

=-2.2%

本月应负担的原材料成本差异=（24 000-500）×（-2%）

=-470（元）

本月完工产品原材料实际费用=22 000×（1-2.2%）-470+20

=21 066（元）

月末在产品原材料实际费用=2 980×（1-2.2%）

=2 914.44（元）

（五）简答题

答案（略）。

第六章
成本报表

一、学习目的

通过本章学习，主要达到以下目的：

1. 了解成本报表的种类、编制要求、作用；

2. 掌握成本报表的概念，以及产品生产成本表、主要产品单位成本表、制造费用明细表、期间费用明细表的编制；

3. 掌握产品生产成本表、主要产品单位成本表的分析。

二、重点和难点

（一）成本报表的概念

1. 成本报表的概念

成本报表是根据工业企业产品成本和经营管理费用核算的账簿等有关资料定期编制、用来反映工业企业一定时期产品成本和经营管理费用的水平与构成情况的报告文件。

成本报表一般包括产品生产成本表、主要产品单位成本表、制造费用明细表、产品销售费用明细表、管理费用明细表和财务费用明细表。

2. 成本报表的作用

（1）企业和相关部门利用成本报表，可以检查企业（部门）成本预算的执行情况，考核企业（部门）成本工作绩效，对企业（部门）成本工作进行评价。

（2）通过成本报表分析，可以揭示影响产品成本指标和费用项目变动的因素与原因，从生产技术、生产组织和经营管理等各方面挖掘节约费用支出与降低产品成本的潜力，提高企业的经济效益。

（3）成本报表提供的成本资料，不仅可以满足企业、车间和部门加强日常成本、费用管理的需要，而且是企业进行成本、利润的预测、决策，编制产品成本计划和各项费用计划，制定产品价格的重要依据。

3. 成本报表的编制要求

数字真实、计算准确、内容完整、报送及时。

4. 成本报表的种类

（1）按报表反映的经济内容分类

成本报表按其反映的经济内容，一般可以分为反映企业费用水平及其构成情况的报表和反映企业产品成本水平及其构成情况的报表两类。

（2）按报表编制的时间分类

成本报表按其编制的时间，可以分为年度报表、半年度报表、季度报表、月报以及旬报、周报、日报和班报。

（二）成本报表的编制

1. 产品生产成本表

产品生产成本表是反映企业在一定会计期间生产产品所发生的生产费用总额和全部产品生产总成本的报表。

企业一定会计期间全部产品的生产成本总额，可以按照产品品种和类别反映，也可以按照产品成本项目反映。按产品品种和类别编制的产品生产成本表，一般分为产量、单位成本、生产总成本等部分。单位成本包括上年实际平均单位成本、本

年计划单位成本、本月实际单位成本和本年累计实际平均单位
成本等；产量包括本月实际产量和本年累计实际产量；总成本
包括本月总成本和本年累计总成本。按成本项目编制的产品生
产成本表，一般分为"生产费用总额""产品生产成本""在产
品和自制半成品成本"等部分。

2. 主要产品单位成本表

主要产品单位成本表是反映企业一定会计期间内生产的各
种主要产品的单位成本及其构成情况的报表。

该表通常按月编制，应按企业主要产品分别编制，即每种
主要产品编制一张报表。

3. 制造费用明细表

制造费用明细表是反映企业及其生产单位在一定会计期间
内发生的制造费用总额及其构成情况的报表。

（三）成本报表的分析

1. 成本分析的含义

成本分析是根据成本核算资料和成本计划资料及其他有关
资料，运用一系列专门方法，揭示企业费用预算和成本计划的
完成情况，查明影响费用预算和成本计划完成的原因，计算各
种因素变化的影响程度，寻找降低成本、节约费用的途径，挖
掘企业内部增产节约的潜力的一项专门工作。成本分析是成本
核算工作的继续，是成本会计的重要组成部分。

2. 成本分析的意义

对于企业来说，进行成本分析主要有以下几个方面的意义：
①查明成本计划和费用预算的完成情况；②落实成本管理的责
任制；③挖掘内部增产节约潜力。

3. 成本分析的内容

产品成本分析的内容，通常包括以下三个方面：①产品生
产成本表分析，包括全部产品生产成本计划执行情况和可比产
品成本降低任务计划执行情况的分析与评价；②主要产品单位
成本表分析，重点分析企业经常生产的，在企业产品总成本中

占较大比重且能代表企业生产全貌的主要产品，分析的内容，主要是各个成本项目执行计划的情况，并确定单位成本的升降原因；③车间、班组成本分析。

4. 成本分析的方法

成本分析的方法很多，主要包括比较分析法、比率分析法、连环替换分析法等。

（1）比较分析法。比较分析法是通过实际数与基数的对比来揭示实际数与基数之间的差异，借以了解经济活动的成绩和问题的一种分析方法。

（2）比率分析法。比率分析法是通过计算各项指标之间的相对数，即比率，借以考察经济业务的相对效益的一种分析方法。比率分析法主要有相关指标比率分析法、构成比率分析法和动态比率分析三种方法。

（3）连环替换分析法。连环替换分析法是顺序用各项因素的实际数替换基数，借以计算各项因素影响程度的一种分析方法。

5. 成本分析

（1）成本报表的分析。

①全部产品成本计划完成情况的分析。全部产品成本计划完成情况的分析，是按照产品类别和成本项目分别进行。通过分析，查明全部产品和各种产品成本计划的完成情况；查明全部产品总成本中，各个成本项目的成本计划完成情况，同时还应找出成本超支或降低幅度较大的产品和成本项目，为进一步分析指明方向。

②主要产品成本计划完成情况的分析。企业主要产品是指分析期正常生产、大量生产的产品，主要产品的产量、消耗、成本、收入、利润等都在企业全部产品中占很大比重，是产品成本分析的重点。企业主要产品一般在上年生产过，通常有上年成本资料可以比较，因此，也称为可比产品。在企业产品成本计划中，除了规定主要产品的计划单位成本和计划总成本以外，还规定了与上年比较的成本降低任务，即可比产品计划成

本降低额和降低率。因此，主要产品成本计划完成情况的分析，重点是主要产品成本降低任务完成情况的分析。分析主要产品成本降低任务的完成情况，根据因素分析法的原理，首先要确定分析对象，其次要确定影响成本降低任务完成的主要因素，最后要计算出各个因素变动对成本降低任务完成情况的影响程度。

③产品单位成本计划完成情况的分析。产品单位成本计划完成情况的分析，重点分析两类产品：一是单位成本升降幅度较大的产品；二是在企业全部产品中所占比重较大的产品。在这两类产品中，又应重点分析升降幅度较大的和所占比重较大的成本项目。产品单位成本计划完成情况的分析，依据的是有关成本报表资料和成本计划资料，分析的方法是先运用比较分析法，查明产品单位成本计划的完成情况，即进行一般分析；再运用因素分析法，查明各个成本项目成本升降的具体原因，即进行因素分析。

④制造费用预算执行情况的分析。主要运用比较分析法对本年实际费用与预算费用进行分析。分析的内容包括固定费用和变动费用、重点费用项目、费用项目的构成比例。

（2）车间班组成本分析。

①车间成本分析。对车间成本计划的执行情况及其结果的分析，称为车间成本分析。企业的产品是由车间生产的，车间是生产费用发生的主要地点，其成本水平的高低，对成本计划执行的结果影响很大。企业车间成本分析主要包括如下几个方面的内容：一是考核各车间成本计划的执行结果；二是分析影响车间成本计划的因素及其原因；三是分清各车间的经济责任；四是提出改进的措施。

②班组成本分析。班组成本分析是对生产班组的生产经营活动进行记录，从而计算出成本升降的数额并分析其产生的原因及过程。班组成本分析的内容应根据班组的特点和经济核算的特点进行，主要对班组能控制的生产消耗因素进行分析，有的班组还可以对其所生产的产品成本进行分析。

三、同步训练

（一）单项选择题

1. 下列各项中，关于成本报表性质的表述，正确的是（   ）。

  A. 对内报表

  B. 对外报表

  C. 既是对内报表，又是对外报表

  D. 对内或对外，由企业自行决定

2. 下列各项中，不属于成本报表的是（   ）。

  A. 现金流量表　　　　　B. 制造费用明细表

  C. 全部产品生产成本表　D. 主要产品单位成本表

3. 下列各项中，关于企业成本报表的种类、项目、格式和编制方法的表述，正确的是（   ）。

  A. 由国家统一规定

  B. 由企业自行制定

  C. 由企业主管部门统一规定

  D. 由企业主管部门与企业共同制定

4. 下列各项中，属于成本管理中的成本分析是（   ）。

  A. 事前的成本分析　　　B. 事中的成本分析

  C. 事后的成本分析　　　D. 成本的总括分析

5. 下列各项中，属于根据实际成本指标与不同时期的指标对比来揭示差异，分析差异产生原因的方法是（   ）。

  A. 对比分析法　　　　　B. 差量分析法

  C. 因素分析法　　　　　D. 相关分析法

6. 下列各项中，属于用本企业与国内外同行业之间的成本指标进行对比分析的方法是（   ）。

  A. 全面分析　　　　　　B. 重点分析

  C. 纵向分析　　　　　　D. 横向分析

7. 下列各项中，在主要产品单位成本表中，不需要反映的指标是（　　）。

　　A. 本月实际单位成本　　　B. 本月实际总成本

　　C. 上年实际平均单位成本　D. 本年计划单位成本

8. 下列各项中，对可比产品成本降低率计划的完成没有影响的因素是（　　）。

　　A. 产量　　　　　　　　　B. 单位成本

　　C. 品种结构　　　　　　　D. 品种结构和单位成本

9. 下列各项中，属于产量变动影响产品单位成本表的成本项目是（　　）。

　　A. 直接材料项目　　　　　B. 直接人工项目

　　C. 变动性制造费用　　　　D. 固定性制造费用

10. 在进行可比产品成本降低任务完成情况分析时，下列关于产品品种构成变动引起变动的表述中，正确的是（　　）。

　　A. 不影响成本降低率

　　B. 不影响成本降低额

　　C. 既影响成本降低额，也影响成本降低率

　　D. 既不影响成本降低额，也不影响成本降低率

（二）多项选择题

1. 下列各项中，属于制造企业成本报表的有（　　）。

　　A. 制造费用明细表　　　　B. 主要产品单位成本表

　　C. 全部产品生产成本表　　D. 各种期间费用明细表

2. 下列各项中，属于主要产品单位成本表反映的单位成本的项目有（　　）。

　　A. 本月实际　　　　　　　B. 历史先进水平

　　C. 本年计划　　　　　　　D. 同行业同类产品实际

3. 在生产多品种情况下，下列各项中，影响可比产品成本降低额变动的因素有（　　）。

　　A. 产品产量　　　　　　　B. 产品单位成本

　　C. 产品价格　　　　　　　D. 产品品种结构

4. 下列各项中，属于编制成本报表的基本要求有（　　　）。

    A. 数字准确   B. 格式统一

    C. 内容完整   D. 编报及时

5. 下列各项中，属于在全部产品成本表中反映的指标有（　　　）。

    A. 全部产品的总成本   B. 全部产品的单位成本

    C. 主要产品的总成本   D. 主要产品的单位成本

6. 下列各项中，企业编制成本报表时，还要编制的其他成本报表有（　　　）。

    A. 制造费用明细表   B. 财务费用明细表

    C. 管理费用明细表   D. 营业费用明细表

7. 下列各项中，属于在实际工作中通常采用的成本分析方法有（　　　）。

    A. 比较分析法   B. 交互分析法

    C. 约当产量分析法   D. 因素分析法

8. 下列各项中，在进行全部产品成本计划完成情况分析时，需要计算的指标有（　　　）。

    A. 全部产品成本降低额 B. 全部产品成本降低率

    C. 可比产品成本降低额 D. 可比产品成本降低率

9. 下列各项中，属于影响可比产品成本降低率变动的因素有（　　　）。

    A. 产品产量   B. 产品品种构成

    C. 产品价格   D. 产品单位成本

10. 下列各项中，属于影响产品单位成本中直接材料费用变动的因素有（　　　）。

    A. 产品生产总量   B. 材料总成本

    C. 单位产品材料消耗量 D. 单位材料的价格

（三）判断题

1. 全部产品生产成本表是反映企业在报告期内生产的全部产品的总成本的报表。　　　　　　　　　　　（　　）

2. 企业编制的成本报表一般不对外公布，所以，成本报表的种类、项目和编制方法可以由企业自行确定。　（　　）

3. 企业编制的所有成本报表中，全部产品生产成本表是最主要的报表。　　　　　　　　　　　　　（　　）

4. 利用全部产品生产成本表可以计算出可比产品和不可比产品成本的各种总成本与单位成本。　　　　（　　）

5. "主要产品单位成本表"中的一些数字，可以在全部产品生产成本表中找到。　　　　　　　　　（　　）

6. 成本报表一般只向企业经营管理者提供信息。　（　　）

7. 编制成本报表时，会计处理方法应当前后各期保持一致。
　　　　　　　　　　　　　　　　　　　　（　　）

8. 为保持一致性，同一企业不同时期应该始终编制相同的成本报表。　　　　　　　　　　　　　（　　）

9. 采用因素分析法进行成本分析时，各因素变动对经济指标影响程度的数额相加，应与该项经济指标实际数和基数的差额相等。　　　　　　　　　　　　　　　（　　）

10. 在进行可比产品成本降低任务完成情况的分析时，产品产量因素的变动，只影响成本降低额，不影响成本降低率。
　　　　　　　　　　　　　　　　　　　　（　　）

11. 在进行单位产品计划完成情况的分析时，只能采用因素分析法。　　　　　　　　　　　　　（　　）

12. 影响可比产品成本降低额指标变动的因素有产品产量和产品单位成本。　　　　　　　　　　　（　　）

（四）计算题

1. 星星公司生产 A、B、C 三种产品，其中 A 产品和 B 产品为主要产品，C 产品为次要产品。2014 年有关产量、成本资料见表 6-1。

表 6-1 　　　　　　　　产量、成本资料

2014 年度

项目		A 产品	B 产品	C 产品
产品产量（件）	本年计划	2 160	1 008	960
	本年实际	2 500	1 000	1 000
单位成本（元）	上年实际平均	600	500	
	本年计划	582	490	555
	本年实际平均	579	491	530

要求：不考虑其他因素，根据上述资料，编制按产品品种类别反映的产品生产成本表（见表 6-2）。

表 6-2 　　　　产品生产成本表（按产品品种类别编制）

编制单位：星星公司 　　　　　2014 年度 　　　　　　　单位：元

产品	计量单位	产量		单位成本			总成本		
		本年计划	本年实际	上年实际平均	本年计划	本年累计实际平均	按上年实际单位成本计算	按本年实际单位成本计算	本年实际
主要产品 A 产品 B 产品									
次要产品 C 产品									
合计									

2. 东方公司 2014 年 12 月份的成本资料见表 6-3。

表6-3 产品生产成本表（按产品品种类别编制）

2014 年 12 月   单位：元

产品	计量单位	产量		单位成本			总成本		
		本年计划	本年实际	上年实际平均	本年计划	本年累计实际平均	按上年实际单位成本计算	按本年实际单位成本计算	本年实际
主要产品							2 000 000	1 945 000	1 938 500
甲产品	件	2 160	2 500	600	582	579	1 500 000	1 455 000	1 447 500
乙产品	件	1 008	1 000	500	490	491	500 000	490 000	491 000
非主要产品									
丙产品	件	960	1 000		555	530		555 000	530 000
合计								2 500 000	2 468 500

要求：不考虑其他因素，对可比产品降低情况进行总括分析和因素分析。

（五）思考题

1. 什么是成本报表？为什么要编制成本报表？

2. 制造企业包括哪些成本报表？成本报表的编制有什么要求？

3. 什么是成本分析？成本分析的意义是什么？

4. 什么是比较分析法？不同的对比基数分析的侧重点是什么？

5. 什么是因素分析法？采用此方法应注意什么问题？

四、同步训练答案

（一）单项选择题

1. A   2. A   3. B   4. C   5. A   6. D

7. B   8. A   9. D   10. C

（二）多项选择题

1. ABCD   2ABC   3. ABD   4. ACD   5. ABCD

6. ABCD   7. AD   8. AB   9. BD   10. CD

（三）判断题

1. ×   2. √   3. ×   4. √   5. √   6. √

7. √   8. ×   9. √   10. √   11. ×   12. ×

（四）计算题

1.

表 6-4   产品生产成本表（按产品品种类别编制）

编制单位：星星公司   2014 年度   单位：元

产品	计量单位	产量		单位成本			总成本		
		本年计划	本年实际	上年实际平均	本年计划	本年累计实际平均	按上年实际单位成本计算	按本年实际单位成本计算	本年实际
主要产品 A 产品	件	2 160	2 500	600	582	579	2 000 000	1 945 000	1 938 500
B 产品	件	1 008	1 000	500	490	491	1 500 000	1 455 000	1 447 500
次要产品 C 产品	件	960	1 000		555	530		555 000	530 000
合计								2 500 000	2 468 500

2.

表 6-5   可比产品成本降低情况的总括分析
2014 年度

项　　　目	成本降低额(元)	成本降低率(%)
1. 计划数		
甲产品	38 880	3
乙产品	10 080	2

表6-5(续)

项 目	成本降低额(元)	成本降低率(%)
合计	48 960	2.72
2. 实际数		
甲产品	52 500	3.5
乙产品	9 000	1.8
合计	61 500	3.075
3. 差异数(分析对象)		
甲产品	13 620	+0.5
乙产品	-1 080	-0.2
合计	12 540	+0.355

表6-6　　　　　可比产品成本降低情况的因素分析

2014 年度

影响因素	对成本降低额的影响(元)	对成本降低率的影响(%)
产品单位成本	6 500	0.325
产品品种结构	600	0.03
产品产量	5 440	
合 计	12 540	0.355

(五) 思考题

答案(略)。

第七章
成本预测与决策

一、学习目的

通过本章学习，主要达到以下目的：

1. 了解成本预测与决策的定义、原则和程序；

2. 掌握与运用成本预测与决策中各种定性、定量预测的具体方法；

3. 理解目标成本、定额成本、计划成本三者之间的关系；

4. 了解成本预测与成本决策之间的关系。

二、重点和难点

（一）成本预测概述

1. 成本预测的概念

成本预测是指人们根据事先的调查研究及分析，对未来未知和不确定的成本开支情况所做出的符合客观发展规律的预计。就企业而言，成本预测主要是指在产品设计、生产之前对其成本水平所做的估算。成本预测的内容涉及产品设计、生产技术生产组织及经营管理等方面。

2．成本预测的作用

成本预测是成本管理的一个关键环节，是成本决策的可靠依据，具体表现为以下几个方面：

（1）搞好企业成本预测，可以为企业成本决策提供足够多的可供选择的各种方案，从而保证企业成本决策的正确性；

（2）做好企业成本预测，可以为编制企业成本计划提供正确的依据，从而保证企业成本计划的正确性；

（3）做好企业成本预测，可以为企业成本控制和分析、考评提供正确的依据，从而保证企业成本控制的合理性和企业成本分析、考评的正确性。

3．成本预测的原则

（1）充分性原则；

（2）相关性原则；

（3）时间性原则；

（4）客观性原则；

（5）可变性原则；

（6）效益性原则。

4．成本预测的内容

成本预测的内容涉及宏观经济和微观经济两个方面。

（1）宏观经济的成本预测，是为整个国民经济决策和计划服务的。它主要研究某部门（行业）、某类产品社会平均成本水平及其变动趋势，为国家制定价格政策、掌握社会生产各部门经济效益情况、进行国民经济产业结构调整以及重大投资项目的可行性研究提供依据。

（2）微观经济的成本预测，即企业成本预测，是为企业经营决策和计划管理服务的。在企业经营管理中，凡是与资金耗费有关的生产经营活动，都存在成本预测问题。

本书只限于讨论企业成本预测，概括起来，包括下述两方面内容：

（1）生产经营规划中的长期成本预测；

（2）生产过程中的短期成本预测。

5. 成本预测的一般程序

（1）因素分析。开展成本预测，首先必须掌握预测对象的特征和要求。

（2）资料收集。按照因素分析的结果，收集并整理用于成本预测的各种成本信息，研究所收集的成本信息所反映的成本变动规律，大致判定所应采用的成本预测方法和所应建立的成本预测模型的类型。

（3）建立模型。

（4）计算成本预测值。

（5）定性预测与预测值修正。

6. 成本预测的资料依据

成本预测值的可靠性，在很大程度上取决于所依据资料的真实性和代表性。在企业成本预测中所需收集的资料，主要包括：

（1）投资项目的投资总额、投资回收期及各年的现金净流量；

（2）投资项目的主要功能或生产能力；

（3）投资项目的外部经济条件；

（4）投资项目的技术程度和一般耗费水平；

（5）企业外部供销条件的变化；

（6）同类产品成本国内外先进水平；

（7）企业历年各类产品产量；

（8）企业历史产品总成本及单位成本水平；

（9）各类产品材料、燃料、动力及生产工时消耗定额；

（10）生产工人定员及历年生产工人工资支付数额；

（11）管理费用预算及历年执行情况；

（12）各类产品的废品损失率；

（13）预测期企业内部可能采取的技术改造、产品更新方案以及成本管理措施对产品产量、质量、消耗、管理费用等方面产生的影响情况。

（二）成本预测的方法

1. 定性预测法

成本的定性预测是成本管理人员根据专业知识和实践经验，对产品成本的发展趋势性质，以及可能达到的水平所做的分析和推断。由于定性预测主要依靠管理人员的素质和判断能力，因而，这种方法必须建立在对企业成本耗费历史资料、现状及影响因素深刻了解的基础之上。常用的定性预测方法有调查研究判断法、主观概率法和类推法。

2. 定量预测法

定量预测方法是利用历史成本统计资料以及成本与影响因素之间的数量关系，通过一定的数学模型来推测，计算未来成本的可能结果。成本的定量预测法需以一定的数学模型为基础。所谓数学模型，是指在某些假定条件下，将影响经济活动变化的、相互制约、相互依存的几个主要因素，按一定的数量关系结合起来，借以描述某种经济活动变化规律的一组数学关系式。常用的方法有因果关系成本预测模型（包括一元线性回归模型、二元线性回归模型、多元线性回归模型及非线性回归模型）、时间关系预测模型（包括移动平均法、指数平滑法）和结构关系成本预测模型（投入产出分析模型、经济计量模型）、本量利预测方法。

3. 定性与定量成本预测方法的结合应用

即使在定量预测方法和计算手段渐趋成熟与先进的条件下，定性预测方法及其与定量预测方法的结合应用，也是提高成本预测可靠性的重要方面。如何将定性预测和定量预测方法更好地结合起来，一般要考虑下述情况：

（1）影响成本变动因素的稳定性和可量化性；

（2）预测期的长短；

（3）成本统计资料的完整性与可靠程度；

（4）预测模型类型的选择；

（5）预测结果的检验与修正；

（6）管理人员的专业水平和实践经验。

（三）目标成本、定额成本、计划成本与预测成本

目标成本、定额成本、计划成本与预测成本都是用于成本事前控制的成本管理指标，它们之间有着一定的内在联系，但在理论概念、编制依据、计算方法以及所起的作用等方面又有所区别。

1. 目标成本及其测定方法

目标成本是为实现未来一定时期的生产经营目标所规划的企业成本水平，是企业从事生产经营活动在成本管理方面所建立的奋斗目标。就某一产品而言，目标成本也是生产该种产品所预定达到一种先进的成本水平。目标成本是企业目标管理的构成内容之一，对于实现企业总体生产经营目标有着重要的作用。

实际上，目标成本反映了管理者的一种主观愿望，即管理者在全面综合分析企业的生产经营能力、外部条件、发展趋势和企业其他有关方面要求的基础上，对企业成本的一种期望值。目标成本一般用于企业设计新产品，投资项目或企业经过重大技术改造措施后对成本水平的测算。对于正常生产的企业，也可以将一定时期的目标成本通过层层分解，下达到各级生产经营单位，作为降低成本的努力方向。

目标成本的测算方法主要有以下两种：

（1）因素测算法。因素测算法是依据既定的产品销售价格，预计的期间费用水平和目标销售利润额（或销售利润率）推算目标成本的方法。

（2）量本利预测法。量本利预测法是依据成本性态及其与目标利润之间关系的原理，测算目标成本的方法。

2. 定额成本及其测定方法

定额成本是对某一产品设计方案或在采取某项技术改造措施后，按产品生产的各种现行消耗定额和当期正常费用预算编制的成本限额。

定额成本的显著特征是：其水平直接受到企业现有技术经济水平和生产条件的制约，并随企业技术经济状况和生产条件的变更而变动。而且，定额成本的意义并不只在于某产品的成本水平，而是确定构成该产品的所有零部件，不同的生产加工工序以及各项耗费的定额标准，以用于产品生产过程中各项耗费发生的控制。因而，定额成本包括产品零件定额成本、部件定额成本、工序定额成本、半成品定额成本、在产品定额成本以及某成本项目定额成本等。

定额成本的制定主要是按产品生产工艺过程和各成本项目逐个逐项测算的。具体方法有以下两种：

（1）按产品生产工艺过程分解法。这种方法是按产品工艺加工过程和产品结构，分成本项目分解计算在各工序上加工产品的定额成本，再按产品结构汇总为产品定额成本。运用这种方法制定定额成本较为准确，但计算过程也较为复杂，适合于构成的零部件和加工工序较少的产品采用。

（2）按成本项目分解法。这种方法是按产品品种分成本项目制定定额成本，再将产品定额成本按产品工艺加工过程和产品结构，分解为各零部件的定额成本。通常采用的分解标准是产品各零部件的材料定额消耗比例和工时定额消耗比例。运用这种方法较为简便，但各零部件定额成本也较为粗略（因不是逐项测定消耗定额），适合于产品种类较多、零部件构成和加工工序较为复杂的企业采用。

3. 目标成本、定额成本、计划成本与预测成本的关系

目标成本、定额成本、计划成本与预测成本作为成本事前控制的成本管理指标，都是着眼于未来时期生产经营活动中的资金耗费，离不开凭借企业过去和现在的有关技术、经济资料和成本信息，判断或限定今后生产经营活动中成本发展状态和可能结果。但是它们之间是有所区别的，表现在以下几个方面：

（1）制定的依据不同；

（2）制定方法不同；

（3）作用不同。

上述各成本概念之间的关系，如图 7-1 所示。

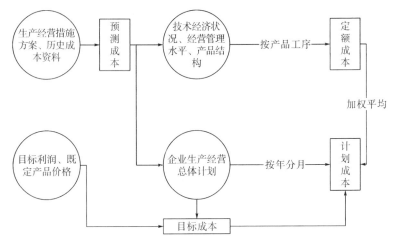

图 7-1　预测成本与目标成本、定额成本、计划成本的关系

（四）成本决策概述

1. 成本决策的概念

成本决策是指为了实现成本管理的预定目标，通过大量的调查预测，根据有用的信息和可靠的数据，并充分考虑客观的可能性，在进行正确的计算与判断的基础上，从各种形成成本的备选方案中选定一个最佳方案的管理活动。

2. 企业成本决策的意义

（1）企业成本决策是目标利润实现的保证；

（2）企业成本决策是成本计划工作的前提条件；

（3）企业成本决策是其他经营决策的重要依据；

（4）企业成本决策是企业提高管理水平的手段；

（5）企业成本决策是企业进行成本控制的依据。

3. 成本决策的原则

（1）整体性原则；

（2）人本性原则；

（3）相对性原则；

（4）最优化原则。

4. 成本决策的内容

成本决策作为对未来资金耗费与所获效益关系的评价与研究，与成本预测密切相关。概括起来，其内容涉及生产经营规划与生产经营过程两个方面。

（1）生产经营规划中的成本决策。在企业生产经营规划中，为了从成本角度对各种生产经营方案做出评价和选择，需要在下述各方面做好成本决策工作。①投资项目可行性研究中的成本决策；②产品设计与改造成本决策；③生产组织成本决策。

（2）生产过程中的成本决策。在产品生产过程中，为了有效地控制各种劳动耗费，需要随时针对生产过程中影响成本水平发生变动的各种技术经济因素以及在生产经营管理中所出现的各种问题，研究调节措施，以降低成本水平，提高效益为目的做出成本决策。①成本降低决策；②成本目标动态决策。

5. 成本决策的构成要素及类型

（1）成本决策的基本构成要素。任何一个决策问题，都必须掌握三个基本要素：①决策的目标；②所选择的方案在实施过程中可能出现的状态；③当采用某一方案在出现某种状态下，该项决策的后果。目标、状态和效益（后果）是决策的三个基本要素。

（2）成本决策的类型。成本决策有下述几种主要类型：①上层决策与基层决策；②战略性与经营性成本决策；③定量与定性成本决策；④经常性与一次性成本决策；⑤确定性与不确定性成本决策；⑥静态与动态成本决策。

6. 成本决策的程序

决策过程一般有三个步骤：①确认问题的性质，建立决策目标；②分析决策变量和状态变量的取值及其确定程度，拟订各种可行方案；③计算或推断各种方案在一定状态下的效益，通过比较，从中择优。

（1）决策目标的建立。从成本决策的总体目标上看，成本决策就是要求所处理的生产经营问题中，资金耗费水平达到最低，相应取得的效益最大。具体在某一经营问题中，成本决策的目标可以采取多种不同形式。建立成本决策目标的原则是：①分析决策问题的性质；②分析所建立的成本决策目标；③适当选择成本决策目标的约束条件；④决策目标必须具体明确。

（2）决策方案的拟订。进行决策，必须拟订多个可行方案，才能从中比较择优。方案必须合理有效。所谓"合理有效"包含两个原则：①保持方案的全面性和完整性，尽可能避免遗漏可能存在的优化方案；②要满足各方案之间的互斥性，如果方案之间相互包容，则方案的比较和选择将失去意义。一个成功的决策应当有一定数量和质量的可行性方案作为保证。

（3）决策方案的选择。在决策方案的选择中，首先要建立评价方案的标准；其次要考虑选择方案的具体方法。①成本决策方案的评价标准；②成本决策方案的选择方法。

无论采用何种选择方案的方法，都应遵循下述原则：①重视方案之间的差异性，相互趋同的方案将失去选择的意义；②兼顾实施方案的措施，次优方案若能迅速得以实施见效，比难以实施的最优方案要现实可行；③认识资料的可靠程度，资料的失实或片面，必将导致决策失误；④进行敏感性分析，以把握当某种状态变量发生多大程度的变动时，足以影响对方案选择的判断；⑤充分考虑方案的后果，从多方面相互制约的关系中，判断方案的优劣。

（五）决策中的成本概念

成本决策备选方案之间进行选择时不可避免地要考虑到成本，决策分析时所涉及的成本概念并非总是一般意义的成本概念，而是一些特殊的成本概念。

1. 差量成本

广义的差量成本是指决策各备选方案两者之间预测成本的差异数；狭义的差量成本（也称为增量成本）是指不同产量水平下所形成的成本差异。这种差异是由于生产能力利用程度的不同而形成的。

2. 边际成本

边际成本是指产品成本对业务量（产量或销售量等）无限小变化的变动部分。

3. 付现成本

付现成本是指由于某项决策而引起的需要在当时或最近期间用现金支付的成本。在短期决策中，付现成本主要是指直接材料、直接人工和变动制造费用，特别是订货支付的现金。

4. 沉没成本

沉没成本是指由过去的决策行为决定的并已经支付过款项，不能为现在决策所改变的成本。

5. 历史成本

历史成本是指根据实际已经发生的支出而计算的成本。

6. 重置成本

重置成本是指当前从市场上取得同一资产时所需支付的成本。

7. 机会成本

机会成本是指决策时由于选择某一方案而放弃另一方案所放弃的潜在利益。

8. 假计成本

假计成本是指对决策方案的机会成本难以准确计量而假计、估算的结果。假计成本也就是机会成本的特殊形态。

9. 可避免成本

可避免成本是指决策者的决策行为可以改变其发生额的成本。

10. 不可避免成本

不可避免成本是指决策者的决策行为不可改变其发生额，与特定决策方案没有直接联系的成本。

11. 专属成本

专属成本是指可以明确归属某种（类或批）或某个部门的成本。

12. 共同成本

共同成本是指应由几种（类或批）或几个部门共同分摊的成本。例如，某种设备生产三种产品，那么该设备的折旧就是这三种产品的共同成本。

以上成本概念中，按它们与决策分析的关系，可以划分为相关成本与无关成本。相关成本是指与决策相关联，决策分析时必须认真加以考虑的未来成本。相关成本通常随决策产生而产生，随决策改变而改变。并且这类成本都是目前尚未发生或支付的成本，但从根本上影响着决策方案的取舍。属于相关成本的有差量成本、边际成本、机会成本、假计成本、付现成本、重置成本、专属成本和可避免成本等。无关成本是指已经发生、或虽未发生，但与决策不相关联，决策分析时也无须考虑的成本。这类成本不随决策产生而产生，也不随决策改变而改变，对决策方案不具影响力。属于无关成本的有历史成本、沉没成本、共同成本和不可避免成本等。相关成本与无关成本的准确划分对决策分析至关重要。决策分析时，总是将决策备选方案的相关收入与其相关成本进行对比，来确定其获利性。

（六）成本决策方法

成本决策的方法很多，因成本决策的内容及目的不同而采用的方法也不同，常用的主要有总额分析法、差量损益分析法、相关成本分析法、成本无差别点法、线性规划法、边际分析法等。

1. 总额分析法

总额分析法以利润作为最终的评价指标，按照销售收入-变动成本-固定成本的模式计算利润，由此决定方案取舍的一种决策方法。之所以称为总额分析法，是因为决策中涉及的收入和成本是指各方案的总收入和总成本。这里的总成本通常不考虑它们与决策的关系，不需要区分相关成本与无关成本。这种方法一般通过编制总额分析表进行决策。

此方法便于理解，但由于将一些与决策无关的成本也加以考虑，计算中容易出错，从而会导致决策的失误，因此决策中不常使用。

2. 差量损益分析法

所谓差量是指两个不同方案的差异额。差量损益分析法是以差量损益作为最终的评价指标，由差量损益决定方案取舍的一种决策方法。计算的差量损益如果大于零，则前一方案优于后一方案，接受前一方案；如果差量损益小于零，则后一方案为优，舍弃前一方案。

差量损益这一概念常常与差量收入、差量成本两个概念密切相连。所谓差量收入是指两个不同备选方案预期相关收入的差异额；差量成本是指两个不同备选方案的预期相关成本之差；差量损益是指两个不同备选方案的预期相关损益之差。某方案的相关损益等于该方案的相关收入减去该方案的相关成本。

差量成本以及差量损益必须坚持相关性原则，凡与决策无关的收入、成本、损益均应予以剔除。

差量损益的计算有两个途径：一是依据定义计算，二是用差量收入减去差量成本计算。决策中多采用后一方式计算求得。差量损益分析法适用于同时涉及成本和收入的两个不同方案的决策分析，常常通过编制差量损益分析表进行分析评价。

决策中须注意的问题是，如果决策中的相关成本只有变动成本，在这种情况下，可以直接比较两个不同方案的贡献边际，贡献边际最大者为最优方案。

3. 相关成本分析法

相关成本分析法是以相关成本作为最终的评价指标，由相关成本决定方案取舍的一种决策方法。相关成本越小，说明企业所费成本越低，因此决策时应选择相关成本最低的方案为优选方案。

相关成本分析法适用于只涉及成本的方案决策，如果不同方案的收入相等，也可以视为此类问题的决策。这种方法可以通过编制相关成本分析表进行分析评价。

129

4. 成本无差别点法

成本无差别点法是以成本无差别点业务量作为最终的评价指标，根据成本无差别点所确定的业务量范围来决定方案取舍的一种决策方法。这种方法适用于只涉及成本而且业务量未知的方案决策。

成本无差别业务量又称为成本分界点，是指两个不同备选方案总成本相等时的业务量。

如果业务量 X 的取值范围在 $0 < X < X_0$ 时，则应选择固定成本较小的 Y_2 方案；如果业务量在 $X > X_0$ 的区域变动时，则应选择固定成本较大的 Y_1 方案；如果 $X = X_0$，说明两方案的成本相同，决策中选用其中之一即可。

应用此方法值得注意的是，如果备选方案超过两个以上方案进行决策时，应首先两两方案确定成本无差别点业务量，然后通过比较进行评价，比较时最好根据已知资料先做图，这样可以直观地进行判断，不容易失误。因为图中至少有一个成本无差别点业务量没有意义，通过作图，可以剔除不需用的点，在此基础上再进行综合判断分析。

5. 线性规划法

线性规划法是数学中的线性规划原理在成本决策中的应用，此方法是依据所建立的约束条件及目标函数进行分析评价的一种决策方法。其目的在于利用有限的资源，解决具有线性关系的组合规划问题。基本程序如下：

（1）确定约束条件。即确定反映各项资源限制情况的系列不等式。

（2）确定目标函数。它是反映目标极大或极小的方程。

（3）确定可能极值点。为满足约束条件的两方程的交点，常常通过图示进行直观反映。

（4）进行决策。将可能极值点分别代入目标函数，使目标函数最优的极值点为最优方案。

6. 边际分析法

边际分析法是微分极值原理在成本决策中的应用，此方法是依据微分求导结果进行分析评价的一种决策方法。主要用于成本最小化或利润最大化等问题的决策。

7. 投资回收期法

投资回收期又称投资偿还期，是对投资项目进行经济评价常用的方法之一。它是对一个项目偿还全部投资所需的时间进行粗略估算。在确定投资回收期时应以现金净流量作为年偿还金额。这一方法是以重新收回某项投资项目金额所需的时间长短来作为判断方案是否可行的依据，一般说来，投资回收期越短，表明该项投资项目的效果越好，所冒的风险也越小。投资回收期计算的基本公式为：

$$投资回收期 = \frac{原投资总额}{每年相等的现金净流量}$$

如果每年的现金净流量不等时，其投资回收期则可按各年年末累计现金净流量进行计算。

8. 净现值法

净现值法是把与某投资项目有关的现金流入量都按现值系数折现成现值，然后同原始投资额比较，求得净现值的一种方法。其计算公式为：

$$NPV = \sum_{t=m+1}^{n} \frac{NCF_t}{(1+k)^t} - \sum_{t=0}^{m} \frac{I_t}{(1+k)^t}$$

式中：NPV 代表净现值；

NCF_t 代表第 t 年税后净现金流量；

k 代表折现率（资本成本或投资者要求收益率）；

I_t 代表第 t 期投资额；

n 代表项目计算期（包括建设期和经营期）；

m 代表项目的投资期限。

如果得到的净现值是正值，说明该投资项目所得大于所失，该投资项目为可行；反之，如果得到的净现值为负数，说明该投资项目所得小于所失，即发生了投资亏损，投资项目不可行。

三、同步训练

（一）单项选择题

1. 下列各种成本预测方法中，没有考虑远近期成本对未来成本产生影响的方法是（   ）。

    A. 移动平均法   B. 经济计量模型

    C. 指数平滑法   D. 投入产出分析模型

2. 某企业每月固定成本 2 000 元，单价 20 元，计划销售产品 500 件，欲实现目标利润 1 000 元，其单位变动成本为（   ）元。

    A. 12   B. 13

    C. 14   D. 15

3. 下列各项中，属于定量预测法的是（   ）。

    A. 调查研究判断法   B. 回归预测法

    C. 主观概率法   D. 类推法

4. 已知某产品的单位变动成本为 10 元，固定成本为 15 000 元，销售量为 5 000 件，目标利润为 5 000 元，则实现目标利润的单价为（   ）元。

    A. 6   B. 11

    C. 13   D. 14

5. 某产品单位变动成本 10 元，计划销售 1 000 件，每件售价 15 元，欲实现利润 800 元，固定成本应控制的水平是（   ）元。

    A. 5 000   B. 4 800

    C. 5 800   D. 4 200

6. 下列各项中，在经济决策中应由中选的最优方案负担的、按所放弃的次优方案潜在收益计算的资源损失是（   ）。

    A. 增量成本   B. 加工成本

    C. 机会成本   D. 专属成本

7. 下列各项中，属于两方案成本无差别点业务量的是（　　）。

　　A. 标准成本相等的业务量　B. 变动成本相等的业务量

　　C. 固定成本相等的业务量　D. 总成本相等的业务量

8. 某企业投资 50 万元购入一台设备，预计投产后每年可获利 5 万元，固定资产折旧额为 3 万元，则投资回收期为（　　）年。

　　A. 6.5　　　　　　　　　　B. 10

　　C. 6.25　　　　　　　　　 D. 7

9. 当两个投资方案为独立选择时，下列各项中，应优先选择的是（　　）。

　　A. 净现值大的方案　　　　 B. 项目周期短的方案

　　C. 投资额小的方案　　　　 D. 现值指数大的方案

10. 下列长期投资决策评价指标中，其数值越小越好的指标是（　　）。

　　A. 净现值　　　　　　　　 B. 投资回收期

　　C. 内部收益率　　　　　　 D. 投资报酬率

133

（二）多项选择题

1. 下列各项中，属于企业确定目标成本时参照的标准有（　　）。

　　A. 企业历史最好成本水平

　　B. 同行业同类产品平均成本水平

　　C. 某一标杆企业的成本水平

　　D. 国内外同类产品的先进成本水平

2. 当企业处于保本状态时，下列说法正确的有（　　）。

　　A. 利润为零　　　　　　　 B. 贡献毛益等于固定成本

　　C. 销售收入等于销售成本　 D. 固定成本等于目标利润

3. 下列关于边际贡献总额的计算公式中，正确的有（　　）。

　　A. 边际贡献=固定成本+利润

B. 边际贡献=销售收入-固定成本

C. 边际贡献=销售收入-变动成本

D. 边际贡献=（销售价格-单位变动成本）×销售数量

4. 下列各项中，属于影响产品边际贡献的因素有（　　　）。

A. 产品售价　　　　　　B. 利息费用

C. 产品销售量　　　　　D. 单位变动成本

5. 某企业生产一种产品，单价8元，单位变动成本6元，固定成本2 000元，预计产销量为2 000件，若想实现利润3 000元，可采取的措施有（　　　）。

A. 固定成本降低1 000元

B. 单价提高到8.5元

C. 单位变动成本降低到8.5元

D. 销量提高到2 500件

6. 下列各项中，属于无关成本的范围有（　　　）。

A. 沉没成本　　　　　　B. 机会成本

C. 联合成本　　　　　　D. 专属成本

7. 下列各项中，属于短期成本决策分析的内容有（　　　）。

A. 差量分析法　　　　　B. 总量分析法

C. 相关成本分析法　　　D. 战略决策分析

8. 下列各项中，属于生产经营相关成本的有（　　　）。

A. 增量成本　　　　　　B. 机会成本

C. 专属成本　　　　　　D. 沉没成本

9. 下列各项中，未考虑货币时间价值的决策方法有（　　　）。

A. 投资利润率法　　　　B. 内涵报酬率法

C. 投资回收期法　　　　D. 现值指数法

10. 下列各项中，属于更新改造固定资产项目现金流出量内容的有（　　　）。

A. 购置新固定资产的投资

　　B. 新旧固定资产回收额的差额

　　C. 因使用新固定资产节约的经营成本

　　D. 因使用新固定资产增加的流动资金投资

（三）判断题

1. 定性预测法与定量预测法在实际应用中是相互排斥的。
（　　）

2. 成本性态是指产量变动与其相应的成本变动之间的内在联系。
（　　）

3. 单位产品固定成本随着产量的增加而相应地减少。
（　　）

4. 成本按习性可分为固定成本、变动成本和半变动成本三类。
（　　）

5. 在成本决策分析过程中，必须考虑一些非计量因素对决策的影响。
（　　）

6. 在相关范围内，边际成本与单位变动成本相等。（　　）

7. 变动成本与差量成本在内涵和数量上是一致的。（　　）

8. 长期决策仅对一年内的收支盈亏产生影响。（　　）

9. 设备的租金收入大于产品生产所创造的贡献毛益，可考虑停产将设备出租。
（　　）

10. 现值指数大于1，说明投资方案的报酬率低于资金成本率。
（　　）

（四）计算分析题

1. 某公司 2009 年生产并销售某产品 8 000 件，单位售价 500 元，固定成本总额 958 000 元，单位变动成本 288 元。公司 2010 年计划达到目标利润 900 000 元，不考虑其他因素。

要求：

（1）计算 2009 年实现的利润；

（2）计算为达到目标利润，各有关因素应分别如何变动。

2. 某企业生产一种机床，最近五年的产量和历史成本资料如下：

表 7-1

年份	产量（台）	产品成本（元）
2007	10	600
2008	20	500
2009	40	300
2010	30	400
2011	50	450

要求：如该企业计划在 2012 年生产 60 台机床，用一元线性回归分析法预测生产该机床的单位成本和总成本。

3. 某企业生产 A、B 两种产品，预计明年 A 产品的销售量为 2 000 件、单价为 40 元，B 产品的销售量为 3 000 件、单价为 60 元。两种产品均需缴纳 17% 的增值税，另外还需缴纳 7% 的城建税以及 3% 的教育费附加。据调查，同行业先进的销售利润率为 25%，不考虑其他因素。要求预测该企业的目标成本。

4. 某企业生产甲、乙两种产品，去年两种产品的销售利润率分别为 25%、20%。计算期要求两种产品的销售利润率均增长 3%，预计销售收入分别为 60 万元、90 万元，销售税金分别为 6 万元、9 万元，不考虑其他因素。要求确定企业总体的目标成本和各产品的目标成本。

5. 某企业只产销一种产品，2008 年固定成本总额为 50 万元；实现销售收入 100 万元，恰好等于盈亏临界点销售额。2009 年企业将目标利润确定为 20 万元，预计产品销售数量、销售价格和固定成本水平与 2008 年相同，不考虑其他因素。则该企业 2009 年的变动成本率比 2008 年降低多少万元时，才能使利润实现。

6. 某企业经营某产品，上年有关资料为：单位售价 100 元，单位直接材料费 25 元，单位直接人工费 15 元，单位变动制造费用 15 元，全年固定制造费用 60 000 元，单位变动性销售及管理费用 5 元，全年固定性销售及管理费用 40 000 元，安全边际率

60%，所得税税率25%，不考虑其他因素。

要求：

（1）计算该产品上年盈亏临界点销售量、实际销售量及税前利润；

（2）该企业预计本年度广告费将增加 20 000 元，单位变动成本及单位变动费用将共降低 10 元，计算为实现税后目标利润 120 000 元所需要的销售量；

（3）该企业计划期为使税前销售利润率达到 27%，在单位售价可提高 5%的条件下，安全边际率仍维持 60%不变，产品单位变动成本应降低到多少？

7. 假设某企业只生产销售一种产品，单价 50 元，边际贡献率 40%，每年固定成本 300 万元，预计来年产销量 20 万件，不考虑其他因素，则价格对利润影响的敏感系数为多少？

8. 某企业大量生产甲、乙两种产品，预计明年的销售量及目标销售利润见表 7-2。

表 7-2

| 产品 | 售价（元/千克） | 计划销售量（千克） | 目标利润率 | 预计期间税费率（%） | | | | | 目标销售利润（元） | 目标单位成本（元/千克） |
				管理费用	销售费用	财务费用	价内流转税	合计		
甲	80	2 000	20	3	6	1	10	20	20 000	
乙	90	1 000	25	6	12	2	10	30	20 000	
合计		3 000		9	18	3	20	50	40 000	

要求：不考虑其他因素，计算甲产品和乙产品的目标单位成本。

9. 某种产品单位售价 300 元/台，目标利润 30 000 元，预计固定成本 30 000 元，预计单位变动成本 120 元/台，预计期间税费率 20%，不考虑其他因素。

要求：计算该种产品目标单位成本。

10. 已知：M 企业尚有一定闲置设备台时，拟用于开发一种新产品，现有 A、B 两个品种可供选择。A 品种的单价为 110

元/件,单位变动成本为 60 元/件,单位产品台时消耗定额为 2 小时/件。此外,还需消耗甲材料,其单耗定额为 5 千克/件。B 品种的单价为 120 元/个,单位变动成本为 40 元/个,单位产品台时消耗定额为 8 小时/个,甲材料的单耗定额为 2 千克/个。假定甲材料的供应不成问题,不考虑其他因素。

要求:用单位资源贡献边际分析法做出开发那种品种的决策,并说明理由。

11. 已知:N 生产企业每年生产 1 000 件甲半成品。其单位完全生产成本为 18 元(其中单位固定制造费用为 2 元),直接出售的价格为 20 元。企业目前已具备将 80% 的甲半成品深加工为乙产成品的能力,但每深加工一件甲半成品需要追加 5 元变动性加工成本。乙产成品的单价为 30 元。假定乙产成品的废品率为 1%,不考虑其他因素。

要求:请考虑以下不相关的情况,用差别损益分析法为企业做出是否深加工甲半成品的决策,并说明理由。

(1) 深加工能力无法转移;

(2) 深加工能力可用于承揽零星加工业务,预计可获得贡献边际 4 000 元;

(3) 深加工能力无法转移,如果追加投入 5 000 元专属成本,可使深加工能力达到 100%,并使废品率降低为零。

12. 已知:某企业每年需用 A 零件 2 000 件,原由金工车间组织生产,年总成本为 19 000 元,其中,固定生产成本为 7 000 元。如果改从市场上采购,单价为 8 元,同时将剩余生产能力用于加工 B 零件,可节约外购成本 2 000 元,不考虑其他因素。

要求:为企业做出自制或外购 A 零件的决策,并说明理由。

13. 已知:某企业只生产一种产品,全年最大生产能力为 1 200 件。年初已按 100 元/件的价格接受正常任务 1 000 件,该产品的单位完全生产成本为 80 元/件(其中,单位固定生产成本为 25 元)。现有一客户要求以 70 元/件的价格追加订货,不考虑其他因素。

要求:请考虑以下不相关情况,用差别损益分析法为企业做出是否接受低价追加订货的决策，并说明理由。

（1）剩余能力无法转移，追加订货量为 200 件，不追加专属成本；

（2）剩余能力无法转移，追加订货量为 200 件，但因有特殊要求，企业需追加 1 000 元专属成本；

（3）同（1），但剩余能力可用于对外出租，可获租金收入 5 000 元；

（4）剩余能力无法转移，追加订货量为 300 件；因有特殊要求，企业需追加 900 元专属成本。

14. 已知：某企业常年生产需用的 A 部件以前一直从市场上采购。一般采购量在 5 000 件以下时，单价为 8 元；达到或超过 5 000 件时，单价为 7 元。如果追加投入 12 000 元专属成本，就可以自行制造该部件，预计单位变动成本为 5 元，不考虑其他因素。

要求：用成本无差别点法为企业做出自制或外购 A 零件的决策，并说明理由。

15. 已知：丙公司准备购入一台设备以扩充生产能力。现有甲、乙两个方案可供选择。甲方案需投资 20 000 元，使用寿命 5 年，采用直线法计提折旧，5 年后无残值，5 年中每年可实现销售收入为 15 000 元，每年付现成本为 5 000 元；乙方案需投资 30 000 元，采用直线法计提折旧，使用寿命也是 5 年，5 年后有残值收入 4 000 元，5 年中每年销售收入为 17 000 元，付现成本第一年为 5 000 元，以后逐年增加修理费 200 元，另需垫支营运资金 3 000 元。假设所得税税率为 40%、资金成本为 12%，不考虑其他因素。

要求：

（1）计算两个方案的现金流量；

（2）计算两个方案的净现值；

（3）计算两个方案的现值指数；

（4）计算两个方案的内含报酬率；

（5）计算两个方案的投资回收期；

（6）试判断应采用哪个方案。

（五）简答题

1. 什么是成本预测？有什么作用？
2. 什么是成本决策？有什么作用？
3. 简述成本预测的程序。
4. 简述成本决策的程序。
5. 简述目标成本、定额成本、计划成本三者之间的关系。

四、同步训练答案

（一）单项选择题

1. A   2. C   3. B   4. D   5. D   6. C
7. D   8. C   9. D   10. B

（二）多项选择题

1. ABCD   2. ABC   3. ACD   4. ACD   5. ABCD
6. AC   7. ABC   8. ABC   9. AC   10. AD

（三）判断题

1. ×   2. √   3. ×   4. √   5. √   6. √
7. ×   8. ×   9. √   10. ×

（四）计算分析题

1. （1）2009 年实现的利润 =（单价-单位变动成本）×销量-
固定成本

$$= （500-288）×8\ 000-958\ 000$$

$$=738\ 000（元）$$

（2）为实现目标利润，各有关因素的变动如下：

实现目标利润的销售量

$$=\frac{目标利润+固定成本}{单价-单位产品变动成本}=\frac{900\ 000+958\ 000}{500-288}\approx 8\ 765（件）$$

销售量增长的百分比$=(8\ 765-8\ 000)/8\ 000=9.56\%$

实现目标利润的单价

$$=\frac{目标利润+固定成本}{销量}+单位产品变动成本$$

$$=(900\ 000+958\ 000)/8\ 000+288$$

$$=520.25（元/件）$$

单价增长的百分比$=(520.25-500)/500=4.05\%$

实现目标利润单位变动成本

$$=单价-\frac{目标利润+固定成本}{销量}$$

$$=500-(900\ 000+958\ 000)/8\ 000$$

$$\approx 267.75（元/件）$$

单位变动成本下降的百分比$=(267.75-288)/288$

$$\approx -7.03\%$$

实现目标利润的固定成本

$=$（单价$-$单位变动成本）$\times$销量$-$目标利润

$=(500-288)\times 8\ 000-900\ 000$

$=796\ 000（元）$

固定成本降低的百分比$=(796\ 000-958\ 000)/958\ 000$

$$\approx -16.91\%$$

2. 设产量为 x，产品成本为 y，根据题目资料计算得：

表 7-3

年份	产量(台)	产品成本(元)			
	x	y	xy	X^2	y^2
2007	10	600	6 000	100	360 000
2008	20	500	10 000	400	250 000
2009	40	300	12 000	1 600	90 000

表7-3(续)

年份	产量(台)	产品成本(元)			
2010	30	400	12 000	900	160 000
2011	50	450	22 500	2 500	202 500
合计	150	2 250	62 500	5 500	1 062 500

由上表可知：

$$n = 5 \quad \bar{x} = 30 \quad \bar{y} = 450 \quad \sum x = 150 \quad \sum y = 2\,250$$

$$\sum xy = 62\,500 \quad \sum x^2 = 5\,500 \quad \sum y^2 = 1\,062\,500$$

$$r = \frac{\sum x_i, y_i - n\bar{x}\bar{y}}{\sqrt{\left[\sum x_i^2 - n(\bar{x})^2\right]\left[\sum y_i^2 - n(\bar{y})^2\right]}} = -0.876$$

$|r| > 0.7$　所以，x 和 y 之间呈线性相关。设 $y=a+bx$，计算得：

$$a = \frac{\sum y}{n} - b\frac{\sum x}{n} = \frac{\sum x_i^2 \bar{y} - \bar{x}\sum x_i y_i}{\sum x_i^2 - n(\bar{x})^2} = 600$$

$$b = \frac{n\sum xy - \sum x \sum y}{n\sum x^2 - \left(\sum x\right)^2} = \frac{\sum x_i y - n\bar{x}\bar{y}}{\sum x_i^2 - n(\bar{x})^2} = -5$$

则产品成本变动趋势方程为：$y=600-5x$

2012 年 60 台机床的总成本 $y=600-5×60=300$（元）

2012 年 60 台机床的单位成本 $=300/60=5$（元/台）

3. A 产品的目标成本 $=$ 销售收入 $-$ 应纳税金 $-$ 目标利润

　　　　　　　　$=$（单位产品售价 $-$ 单位产品销售税金

　　　　　　　　　$-$ 单位产品目标利润）$×$ 销量

　　　　　　　　$=40×(1-18.7\%-25\%)×2\,000$

　　　　　　　　$=45\,040$（元）

B 产品的目标成本 $=$ 销售收入 $-$ 应纳税金 $-$ 目标利润

　　　　　　　　$=$（单位产品售价 $-$ 单位产品销售税金

　　　　　　　　　$-$ 单位产品目标利润）$×$ 销量

$$=60×（1-18.7\%-25\%）×3\,000$$
$$=101\,340（元）$$

该企业的目标成本 $=45\,040+101\,340=146\,380$（元）

4. 甲产品的目标成本 = 销售收入-应纳税金-目标利润
$$=60-6-60×25\%×（1+3\%）$$
$$=38.55（万元）$$

乙产品的目标成本 = 销售收入-应纳税金-目标利润
$$=90-9-90×20\%×（1+3\%）$$
$$=62.46（万元）$$

企业总体目标成本 $=38.55+62.46=101.01$（万元）

5. 解析：

2008 年：因为利润=收入-固定成本-变动成本

100-50-变动成本=0，则：变动成本=50

所以变动成本率=50/100=50%

2009 年：因为 20=100-50-变动成本，则：变动成本=30

所以变动成本率=30/100=30%

2009 年变动成本率比 2008 年下降：（50%-30%）/50%=40%

6. 解析：

（1）①单位产品变动成本=25+15+15+5=60（元）

②上年盈亏临界点销售量=（60 000+40 000）/（100-60）
$$=2\,500（件）$$

③上年实际销量=2 500/（1-60%）=6 250（件）

④上年利润额=（100-60）×6 250-（60 000+40 000）
$$=150\,000（元）$$

或　　上年利润额=（6 250-2 500）×（100-60）
$$=150\,000（元）$$

（2）计划期实现目标利润所需的销售量：
$$=[（60\,000+40\,000+20\,000）+120\,000/（1-25\%）]/[100$$
$$-（60-10）]$$
$$=6\,400（件）$$

（3）①边际贡献率=27%/60%=45%

②变动成本率=1-45%=55%

③单位变动成本=100×（1+5%）×55%=57.75（元）

7. 解析：

由边际贡献率40%知变动成本率为60%（1-40%）。

则：单位变动成本 b÷单价50元=60%，即单位变动成本 b=30元。

利润为：P=50×20×40%-300=100（万元）

假设价格提高10%，即价格变为55元，

则利润变为：P=（55-30）×20-300=200（万元）

利润变动百分比=（200-100）÷100×100%=100%

单价的敏感系数=100%÷10%=10

8. 解析：

甲产品单位目标成本=80×（1-20%）-20 000÷2 000

        =54（元/千克）

或 甲产品单位目标成本=80×[1-20%-20 000÷（2 000×80）

        ×100%]

        =80×[1-20%-20%（12.5%）]

        =54（元/千克）

乙产品单位目标成本=90×（1-30%）-20 000÷1 000

        =43（元/千克）

或 乙产品单位目标成本=90×[1-30%-20 000÷（1 000×90）

        ×100%]

        =90×[1-30%-20%（22.22%）]

        =43（元/千克）

9. 解析：计算该种产品目标单位成本为：

Q=（FC+SP）÷[P×（1-K）-V]

 =（30 000+30 000）÷[300×（1-20%）-120]

 =500（台）

AC=FC÷Q+V=30 000÷500+80=140（元/台）

10. 解：开发 A 品种时可获得的单位资源贡献边际

   =（110-60）/2=25（元/小时）

开发 B 品种时可获得的单位资源贡献边际

＝（120－40）／8＝10（元／小时）

因为 25>10，所以开发 A 品种比开发 B 品种更有利。

决策结论：应当开发 A 品种。

11. 解：（1）差别损益分析表

表 7-4　　　　　　　　　　　　　　　　　　　　单位：元

	将 80%的甲半成品深加工为乙产成品	直接出售 80%的甲半成品	差异额
相关收入	30×800×99%＝23 760	20×800＝16 000	＋7 760
相关成本合计	4 000	0	＋4 000
其中：加工成本	5×800＝4 000	0	
差别损益			＋3 760

决策结论：应当将 80%的甲半成品深加工为乙产成品，这样可以使企业多获得 3 760 元的利润。

（2）差别损益分析表

表 7-5　　　　　　　　　　　　　　　　　　　　单位：元

	将 80%的甲半成品深加工为乙产成品	直接出售 80%的甲半成品	差异额
相关收入	30×800×99%＝23 760	20×800＝16 000	＋7 760
相关成本合计	8 000	0	＋8 000
其中：加工成本	5×800＝4 000	0	
机会成本	4 000	0	
差别损益			－240

决策结论：不应当将 80%的甲半成品深加工为乙产成品，否则将使企业多损失 240 元的利润。

（3）差别损益分析表

表 7-6　　　　　　　　　　　　　　　　　　　　　　　单位：元

	将全部甲半成品 深加工为乙产成品	直接出售甲半成品	差异额
相关收入	30×1 000＝30 000	20×1 000＝20 000	＋10 000
相关成本合计	10 000	0	＋10 000
其中：加工成本	5×1 000＝5 000	0	
专属成本	5 000	0	
差别损益			0

决策结论：两方案任选其一。

12. 解：

表 7-7　　　　　　　　　相关成本分析表　　　　　　　　单位：元

	自制 A 零件	外购 A 零件
变动成本	19 000－7 000＝12 000	8×2 000＝16 000
机会成本	2 000	0
相关成本合计	14 000	16 000

决策结论：应当安排自制 A 零件，这样可使企业节约 2 000 元（16 000－14 000）成本。

13. 解：（1）绝对剩余生产能力 = 1 200－1 000 = 200（件）

表 7-8　　　　　　　　　差别损益分析表　　　　　　　　单位：元

	接受追加订货	拒绝追加订货	差异额
相关收入	14 000	0	14 000
相关成本合计	11 000	0	11 000
其中：增量成本	11 000	0	
差　别　损　益			3 000

因为差别损益指标为+3 000元，所以应当接受此项追加订货，这样可使企业多获得3 000元利润。

（2）差别损益分析表

表7-9　　　　　　　　　　　　　　　　　　　　　　　　单位：元

	接受追加订货	拒绝追加订货	差异额
相关收入	14 000	0	14 000
相关成本合计	12 000	0	12 000
其中：增量成本	11 000	0	
专属成本	1 000	0	
差　别　损　益			2 000

因为差别损益指标为+2 000元，所以应当接受此项追加订货，这样可使企业多获得2 000元利润。

（3）差别损益分析表

表7-10　　　　　　　　　　　　　　　　　　　　　　　单位：元

	接受追加订货	拒绝追加订货	差异额
相关收入	14 000	0	14 000
相关成本合计	16 000	0	16 000
其中：增量成本	11 000	0	
机会成本	5 000	0	
差　别　损　益			-2 000

因为差别损益指标为-2 000元，所以应当拒绝此项追加订货，否则将使企业多损失2 000元利润。

（4）差别损益分析表

表 7-11　　　　　　　　　　　　　　　　　　　　　　单位：元

	接受追加订货	拒绝追加订货	差异额
相关收入	21 000	0	21 000
相关成本合计	21 900	0	21 900
其中：增量成本	11 000	0	
机会成本	10 000	0	
专属成本	900	0	
差　别　损　益			-900

因为差别损益指标为 -900 元，所以应当拒绝此项追加订货，否则将使企业多损失 900 元利润。

14. 解：

（1）X < 5 000 件

假设自制的固定成本为 $a_1 = 12\ 000$ 元，单位变动成本为 $b_1 = 5$ 元。

外购的固定成本为 $a_2 = 0$ 元，单位变动成本为 $b_2 = 8$ 元。

因为 $a_1 > a_2$　　$b_1 < b_2$

所以符合应用成本无差别点法进行决策的条件。

成本无差别点业务量 $= (12\ 000 - 0) \div (8 - 5) = 4\ 000$（件）

X < 4 000 件，应外购；

4 000 件 ≤ X < 5 000 件，应自制。

（2）X ≥ 5 000 件

假设自制的固定成本为 $a_1 = 12\ 000$ 元，单位变动成本为 $b_1 = 5$ 元。

外购的固定成本为 $a_2 = 0$ 元，单位变动成本为 $b_2 = 7$ 元。

因为 $a_1 > a_2$　　$b_1 < b_2$

所以符合应用成本无差别点法进行决策的条件。

成本无差别点业务量 $= (12\ 000 - 0) \div (7 - 5) = 6\ 000$（件）

5 000 件 ≤ X < 6 000 件，应外购；

X ≥ 6 000 件，应自制。

或

（1）采购量< 5 000 件，假设成本无差别点业务量为 X。

则 8X＝12 000+5X，解得 X＝4 000（件）

故 采购量< 4 000 件，应外购；

4 000 件 ≤ 采购量 < 5 000 件，应自制。

（2）采购量 ≥ 5 000 件，假设成本无差别点业务量为 Y。

则 7Y＝12 000+5Y，解得 Y＝6 000（件）

故 5 000 件 ≤ 采购量 < 6 000 件，应外购；

采购量 ≥ 6 000 件，应自制。

15. 解：

（1）两个方案的现金流量：

①甲方案的折旧额＝20 000 / 5＝4 000（元）

乙方案的折旧额＝（30 000－4 000）/ 5＝5 200（元）

②两个方案的现金流量如下表所示：

表 7-12　　　　　　　　　　　　　　　　　　　　　单位：元

| 甲方案 | －20 000 | 7 600 | 7 600 | 7 600 | 7 600 | 7 600 |
| 乙方案 | －33 000 | 9 280 | 9 160 | 9 040 | 8 920 | 15 800 |

（2）两个方案的净现值：

甲方案的净现值＝7 600×（P/A,12%,5）-20 000

　　　　　　　　　＝7 396.48（元）

乙方案的净现值

＝9 280 × 0.893 + 9 160 × 0.797 + 9 040 × 0.712 + 8 920 ×

　 0.636 + 15 800 × 0.567-33 000

＝3 655.76（元）

（3）两个方案的现值指数：

甲方案：1+（7 398/20 000）＝1.37

乙方案：1+（3 655.76/33 000）＝1.11

（4）两方案的内含报酬率：

甲方案：

① （P/A，i，5）= 20 000 / 7 600 = 2.632

②内含报酬率为：

25% +[（2.689-2.632）/（2.689-2.436）]×（30%-25%）

= 26.13%

乙方案：

①i=16% 时，净现值=44.52（元）

②i=18% 时，净现值=-1 541（元）

③内含报酬率为：

16% +[44.52 /（44.52 + 1 541）]×（18% -16%）

= 16.06%

（5）两个方案的投资回收期：

甲方案：20 000 / 7 600 = 2.63（年）

乙方案：3+（5 520 / 8 920）= 3.62（年）

（6）由以上计算得知，甲方案的净现值、现值指数、内含报酬率均大于乙方案，投资回收期小于乙方案，所以应选用甲方案。

（五）简答题

答案（略）。

第八章
成本计划与控制

一、学习目的

通过本章学习，主要达到以下目的：

1. 了解成本计划和成本控制的作用、意义、要求和原则；

2. 掌握成本计划的含义、内容、编制程序，以及编制费用预算的主要方法；

3. 掌握成本控制的含义、原则和程序；

4. 掌握目标成本控制、标准成本控制、责任成本控制的具体内容。

二、重点和难点

（一）成本计划

成本计划是在成本预测的基础上，以货币形式预先规定企业在计划期内的生产耗费和各种产品成本水平、产品成本降低任务及其降低措施的书面性文件。

1. 成本计划的内容

成本计划的内容，在不同时期、不同部门是有所差别的。它应该既能适应宏观调控的要求，又能满足企业成本管理的需要。一般应包括以下几个部分：

（1）产品单位成本计划；

（2）商品产品成本计划；

（3）制造费用预算；

（4）期间费用预算；

（5）降低成本的主要措施方案。

2. 成本计划的作用

成本计划以成本预测与决策为基础，它使职工明确成本方面的奋斗目标是成本控制的先导和业绩评价的尺度。其重要作用具体表现在以下几个方面：

（1）成本计划是动员群众完成目标成本的重要措施；

（2）成本计划是推动企业实现责任成本制度和加强成本控制的有力手段；

（3）成本计划是评价考核企业及部门成本业绩的标准尺度。

3. 成本计划的编制程序

（1）收集和整理资料；

（2）预计和分析上期成本计划的执行情况；

（3）进行成本降低指标的测算；

（4）正式编制企业成本计划。

4. 成本计划的编制形式

（1）一级编制成本计划是指不分车间，由企业财务管理部门会同各业务部门，根据确定的各项定额有关成本计划资料，采用一定的成本计算方法，直接编制整个企业的成本计划。这种形式一般适用于一级成本核算的小型企业。

（2）分级编制成本计划是指先由车间编制各自的车间成本计划，然后由企业财务部门汇总编制整个企业的成本计划。这种形式适用于实行成本分级核算的企业。

（3）一级分级相结合，编制成本计划。这种形式是指对成本项目内容，根据需要，某些成本项目按级形式编制，另一些项目可按分级形式编制。例如：对原材料的成本计划不分车间由企业财务部门直接编制；而对生产工人的薪酬、燃料和动力费、制造费用先分别由车间编制，然后再由企业财务部门汇总编制成整个企业的成本计划。这种形式比较灵活，适用于各类企业。

5. 成本计划的编制

成本计划在分级编制的方式下，大体上包括三个方面的内容：①编制辅助生产车间成本计划；②编制基本生产车间成本计划；③汇编全厂产品成本计划。

（1）编制辅助生产车间成本计划。

辅助生产车间成本计划包括辅助生产费用预算和辅助生产费用分配两大部分。由于辅助生产费用分配在本书成本核算有关章节里有详细介绍，在此仅就辅助生产费用预算编制做详细说明。

辅助生产费用是指计划期内辅助生产车间预计发生的各项生产费用总额，不同费用项目确定计划发生数的方法有别：

有消耗定额、工时定额的项目，可以根据计划产量和工时总数、单位产品（或劳务）的消耗定额和工时定额、计划单价和工时费用率计算，如原材料、辅助材料、燃料及动力、工人工资等项目。

没有消耗定额和开支标准的费用项目，可以根据上年资料结合本期产量的变化，并考虑本年节约的要求予以匡算，如低值易耗品、修理费等项目。其计算公式为：

$$\frac{\text{本年费用}}{\text{计划数}}=\frac{\text{上年费用}}{\text{预计数}}\times(1+\text{产量增长}\%)\times(1-\text{费用节约}\%)$$

相对固定的费用项目，可以根据历史资料，并考虑本年节约的要求予以匡算，如办公费、水电费等项目。其计算公式为：

本年费用计划数＝上年费用预计数×(1−费用节约%)

其他计划中已有现成资料的费用项目，根据其他计划有关资料编制，如管理人员薪酬、折旧费等项目。有规定开支标准的项目，按有关标准计算编制，如劳保费等项目。

（2）基本生产车间成本计划的编制。

基本生产车间编制成本计划的程序是：首先将直接材料、

直接薪酬等直接费用编制直接费用计划；然后将各项间接生产费用编制制造费用预算，并将预计的制造费用在各产品间分配，最后汇总编制车间产品成本计划。

第一，直接费用计划的编制。

车间直接费用是车间为生产产品而发生的直接支出，包括直接材料、直接薪酬等其他直接支出。直接费用计划应按成本项目计算编制，主要有原材料、辅助材料、燃料与动力、外购半成品、直接薪酬、废品损失等成本项目。确定计划数的方法分述如下：

① 原材料、辅助材料项目。

$$\text{单位产品材料计划成本} = \sum(\text{单位产品各材料消耗定额} \times \text{该种材料计划单价})$$

② 燃料及动力项目。

在各种产品有燃料和动力耗用定额时，计算方法与材料项目相同。在各种产品无燃料和动力耗用定额时，应首先根据上年实际结合计划期节约的要求，测算计划期燃料和动力耗用的总额，然后按一定标准分配给各种产品。

③ 职工薪酬项目。

$$\text{单位产品职工薪酬计划成本} = \sum(\text{该产品计划工时定额} \times \text{计划小时薪酬率})$$

其中：$$\text{计划小时薪酬率} = \frac{\text{计划期薪酬总额}}{\sum(\text{各产品计划产量} \times \text{各产品计划工时定额})} \times 100\%$$

④ 废品损失项目。

$$\text{单位产品废品损失计划成本} = \text{预计上年单位产品废品损失} \times (1 - \text{废品损失计划降低率})$$

⑤ 由上一车间转来的半成品，编制直接费用计划时的方法应与实际成本核算方法一致，采用平行结转法或逐步结转法。平行结转法不计算前一车间转来的半成品成本，逐步结转法则应将上一车间转来的半成品成本列入"原材料"或"自制半成品"成本项目之中。

第二，制造费用预算的编制。制造费用计划由制造费用预算和制造费用分配两部分组成。制造费用预算的编制方法有固定预算法、弹性预算法、概率预算法等，也可以按辅助生产费用预算的编制方法进行编制。制造费用的分配一般按计划生产工时为标准分配给各种产品。

第三，车间产品成本计划的编制。基本生产车间产品成本计划，应按成本项目分产品反映各产品的单位成本和总成本。其编制依据是各产品的直接生产费用计划和制造费用分配表，分产品计算出各产品的计划单位成本和总成本后，再汇总编制全车间按成本项目计算的产品成本计划。

（3）汇编全厂产品成本计划。

厂部财会部门对各车间编制的成本计划加以审查后，综合编制全厂产品成本计划。全厂产品成本计划包括：①主要产品单位成本计划；②商品产品成本计划；③生产费用预算。

（二）成本计划的编制方法

1. 预测决策基础法

预测决策基础法要求编制成本计划时，必须建立在成本预测和成本决策的基础上。这种方式是基于企业的各项消耗定额及费用预算资料不够齐全的条件上进行的，特别适合于对新产品编制成本计划，具体方法见第七章的成本预测与决策。该法的最大特点是成本计划是以成本预测和决策为基础的，定性成分少，具有一定的科学性，而且有效地考虑了未来状态变化的随机性和不确定性。

2. 因素测算法

因素测算法也称为概算法，是指根据企业各项增产节约措施计划，通过分析测算出各项增产节约措施对成本降低幅度的影响程度及其相应的经济效果，再据以调整上年实际（或预计）成本，编制成本计划的一种方法。

测算步骤如下：

（1）提出降低产品成本的计划要求；

（2）编制基层单位降低成本的计划；

（3）编制全厂产品成本计划。

3. 直接计算法

直接计算法又称为成本计算法、细算法，是指根据现实的各项消耗定额和费用预算资料，在考虑成本降低要求的基础上，按照产品成本核算程序和方法详细计算各产品和各成本项目的计划成本，然后再汇总编制全部产品成本计划的一种方法。按企业核算分级方式，它又可分为集中编制法和分级编制法两种。

4. 固定预算法

固定预算又称为静态预算，是指根据预算期内正常的可能实现的某一业务活动水平而编制的预算。固定预算的基本特征是：不考虑预算期内业务活动水平可能发生的变动，而只按照预期内计划预定的某一共同的活动水平为基础确定相应的数据；将实际结果与按预算期内计划预定的某一共同的活动水平所确定的预算数进行比较分析，并据以进行业绩评价、考核。固定预算方法适宜财务经济活动比较稳定的企业和非营利性组织。企业制订销售计划、成本计划和利润计划等，都可以使用固定预算法。如果单位的实际执行结果与预期业务活动水平相距甚远，则固定预算就难以为控制服务。

5. 弹性预算法

弹性预算法是在固定预算方法的基础上发展起来的一种预算方法。它分别编制其相应的预算，以反映在不同业务量水平下所应发生的费用和收入水平。根据弹性预算随业务量的变动而做相应调整，考虑了计划期内业务量可能发生的多种变化，故又称为变动预算。

6. 零基预算法

零基预算法是指由于任何预算期的任何预算项目，其费用预算额都以零为起点，按照预算期内应该达到的经营目标和工作内容，重新考虑每项预算支出的必要性及其规模，从而确定当期预算的一种方法。

7. 定期预算法

定期预算法是指在编制预算时以会计年度作为预算期的一种预算编制方法。这种预算方法主要适用于服务类的一些经常性政府采购支出项目，如会议费和印刷费等。其优点是能够使预算期间与会计年度相配合，便于考核和评价预算的执行结果；其缺点是由于预算一般在年度前 2~3 个月编制，跨期长，对计划期的情况不够明确，只能进行笼统的估算，具有一定的盲目性和滞后性；同时，执行中容易导致管理人员中只考虑本期计划的完成，缺乏长远打算，因此其运用受到一定的局限。

8. 滚动预算法

滚动预算法是指在定期预算的基础上发展起来的一种预算方法。它是指随着时间推移和预算的执行，其预算时间不断延伸，预算内容不断补充，整个预算处于滚动状态的一种预算方法。滚动预算编制方式的基本原理是使预算期永远保持 12 个月，每过 1 个月，立即在期末增列 1 个月的预算，逐期往后滚动。因而，在任何一个时期都使预算保持 12 个月的时间跨度，故亦称"连续编制方式"或"永续编制方式"。这种预算能使单位各级管理人虽对未来永远保持 12 个月时间工作内容的考虑和规划，从而保证单位的经营管理工作能够稳定而有序地进行。

9. 概率预算法

在编制预算的过程中，涉及的变量很多，如产量、销量、价格、成本等。在通常情况下，这些变量的预计可能是一个定值，但是在市场的供应、产销变动比较大的情况下，这些变量的定值就很难确定。这就要根据客观条件，对有关变量进行近似的估计，估计它们可能变动的范围，分析它们在该范围内出现的可能性（即概率），然后对各变量进行调整，计算期望值，编制预算。这种运用概率来编制预算的方法，就是概率预算。概率预算实际上就是一种修正的弹性预算，即将每一事项可能发生的概率结合应用到弹性预算的变化之中。

10. 增量预算法

增量预算法是指在上年度预算实际执行情况的基础上，考

157

虑了预算期内各种因素的变动，相应增加或减少有关项目的预算数额，以确定未来一定期间收支的一种预算方法。如果在基期实际数基础上增加一定的比率，则叫增量预算法；反之，若是基期实际数基础上减少一定的比率，则叫减量预算法。

这种方法主要适用于在计划期由于某些采购项目的实现而应相应增加的支出项目。如预算单位计划在预算年度上采购或拍卖小汽车，从而引起的相关小车修理费、保险费等采购项目支出预算的增减。其优点是预算编制方法简便、容易操作；其缺点是以前期预算的实际执行结果为基础，不可避免地受到既成事实的影响，易使预算中的某些不合理因素得以长期沿袭，因而有一定的局限性。同时，也容易使基层预算单位养成资金使用"等、靠、要"的思维习惯，滋长预算分配中的平均主义和简单化，不利于调动各部门增收节支的积极性。

（三）成本控制

1. 成本控制的概念、原则和程序

（1）成本控制的概念

成本控制主要是运用成本会计方法，对企业经营活动进行规划和管理，将成本规划与实际相比较，以衡量业绩，并按照例外管理的原则，消除或纠正差异，提高工作效率，不断降低成本，实现成本目标。

（2）成本控制的原则

①全面控制原则；

②例外控制原则；

③经济效益原则。

（3）成本控制的程序

①制定成本标准；

②分解落实成本标准，具体控制成本形成过程；

③揭示成本差异；

④进行考核评价。

2. 预算成本控制法

（1）成本预算与预算成本的内涵

①成本预算。预算是企业经营活动的数量计划，它确定企业在预算期内为实现企业目标所需的资源和应进行的活动。

②预算成本。企业按照预算期的特殊生产和经营情况所编制的预定成本。

（2）预算的编制程序

①成立预算组织；

②确定预算期间；

③明确预算原则；

④编制预算草案；

⑤协调预算；

⑥复议、审批和调整预算。

（3）销售预算

销售预算列示了在预期销售价格下的预期销售量。编制期间销售预算的起点一般是预计的销售水平、生产能力和公司的长、短期目标。

（4）生产预算

生产预算依据销售预算进行编制。生产预算就是根据销售目标和预计预算期末的存货量决定生产量，并安排完成该生产量所需资源的取得和整合的整套规划。生产量取决于销售预算、期末产成品的预计余额以及期初产成品的存货量。

确定预计生产量的计算公式为：

预计生产量=预算的销售量+期末存货量-期初存货量

①直接材料预算。直接材料预算显示了生产所需的直接材料及其预算成本。所以，直接材料使用预算是编制直接材料采购预算的起点。企业编制直接材料采购预算是为了保证有足够的直接材料来满足生产需求并在期末留有预定的存货。

②直接人工预算。生产预算同样也是编制人工预算的起点。企业的劳动力必须是拥有充分技能，能够从事本期计划产成品生产的工人。

③制造费用预算。制造费用包括直接材料和直接人工之外的所有生产成本。不像直接材料和直接人工按产量的比例增减，制造费用中有一些成本并不随产量按比例变化，而是依生产进行的方式而变化。如随生产批量的大小或生产准备次数变化而变化的成本。制造费用还包括一些固定成本，如生产管理人员的工资和车间的折旧费等。

④产品生产和销售成本预算。产品生产和销售成本预算列示了每一期间计划生产成本的总额和单位额。

（5）销售和管理费用预算。销售和管理费用预算包括预算期内所有的非生产费用。

3. 目标成本控制

目标成本是指以市场需求为导向，产品从设计开发开始，到售后服务，为实现目标利润必须达到的目标成本值。它是企业经营管理的一项重要目标，是企业预先确定在一定时期内所要实现的成本目标。它包括目标成本额、单位产品成本目标和成本降低目标。目标成本控制是基于市场导向和市场竞争的管理理念与方法，以具有竞争性的市场价格和目标利润倒推出目标成本，继而进行全方位控制，以达到目标。

（1）目标成本控制的程序

①确定目标成本；

②目标成本的可行性分析；

③执行目标成本；

④目标成本的考核与修订。

（2）产品设计阶段的目标成本控制

①目标成本的测定。目标利润的计算有两种方式：一是用国内外同行业或本企业同种（同类）产品销售利润率乘以该产品预计销售价格求得。二是用国内外同行业或本企业同种（同类）产品的成本利润率乘以该产品目标成本求得。目标成本的计算公式为：

目标成本＝产品预计售价×（1−销售利润率−税率）

或　目标成本＝产品预计售价×（1−税率）−目标成本×成本利润率

　　　　　=产品预计售价×(1−税率)÷(1+成本利润率)

②目标成本的分解。

③设计成本的计算。

一种新产品的设计工作完成后，必须对其成本进行测算，测算方法主要有直接法、概算法和分析法。

④设计成本与目标成本的比较。

⑤设计方案的评价。

⑥评价方案时不仅要考虑企业的经济效益，也要考虑社会效益。

（3）生产阶段目标成本控制

①预测目标总成本。预测目标总成本是在确定目标利润的基础上进行的。目标总成本的计算公式为：

目标总成本=预计销售收入−目标利润−销售税金

②目标总成本的分解。为了在生产过程中落实目标成本，必须将目标总成本分解到各成本责任单位，编制各责任单位成本预算。各责任单位成本预算之和加上不可控成本，不能超过目标总成本。其方法有两种：

责任成本预算=∑(责任单位目标产量×单位产品变动成本)
　　　　　　　+成本责任单位可控固定成本预算

责任成本预算=∑(成本责任单位目标产量×单位产品可控
　　　　　　　标准成本)

（4）日常的目标成本控制

在日常管理中，目标成本控制要与经济责任制相结合，将目标成本进行层层分解，并落实到岗位与个人，与奖惩制度配套执行。

4. 标准成本控制

（1）标准成本的概念和特点

标准成本是指按照成本项目反映的、在已经达到的生产技术水平和有效经营管理条件下，应当发生的单位产品成本目标。它有理想标准成本、正常标准成本和现实标准成本三种类型。

标准成本控制的核心是按标准成本记录和反映产品成本的

形成过程与结果，并借以实现对成本的控制。其特点是：

①标准成本制度只计算各种产品的标准成本，不计算各种产品的实际成本。"生产成本""产成品""自制半成品"等成本账户均按标准成本入账。

②实际成本与标准成本之间的各种差异分别记入各成本差异账户，并根据它们对日常成本进行控制和考核。

③标准成本控制可以与变动成本法相结合，达到成本管理和控制的目的。

（2）标准成本控制的程序

①正确制定成本标准；

②揭示实际消耗与标准成本的差异；

③积累实际成本资料，并计算实际成本；

④比较实际成本与标准成本的差异，分析成本差异产生原因；

⑤根据差异产生的原因，采取有效措施，在生产经营过程中进行调整，消除不利差异。

（3）标准成本的制定

①标准成本制定的基本方法

制定标准成本有多种方法，最常见的有以下两种：

第一，工程技术测算法。它是根据一个企业现有的机器设备、生产技术状况，对产品生产过程中的投入产出比例进行估计而计算出来的标准成本。

第二，历史成本推算法。它是将过去发生的历史成本数据作为未来产品生产的标准成本，一般以企业过去若干期的原材料、人工等费用的实际发生额计算平均数，要求较高的企业往往以历史最好成本水平来计算。

②标准成本的一般公式

产品的标准成本主要包括直接材料、直接人工和制造费用。无论是哪一个成本项目，在制定其标准成本时，都需要分别确定其价格标准和用量标准，两者相乘即为每一成本项目的标准成本，然后汇总各个成本项目的标准成本，就可以得出单位产品的标准成本。其计算公式为：

$$\frac{某成本项目}{标准成本} = \frac{该成本项目的}{价格标准} \times \frac{该成本项目的}{用量标准}$$

$$\frac{单位产品}{标准成本} = \frac{直接材料}{标准成本} + \frac{直接人工}{标准成本} + \frac{制造费用}{标准成本}$$

③标准成本各项目的制定

第一，直接材料标准成本的制定。直接材料标准成本是由直接材料耗用量标准和直接材料价格标准两个因素决定的。首先，确定直接材料的标准用量和价格标准；其次，计算确定直接材料标准成本。其计算公式为：

$$\frac{单位产品}{直接材料成本} = \sum \left(\frac{各种材料}{耗用量标准} \times \frac{各种材料}{价格标准} \right)$$

第二，直接人工标准成本的制定。直接人工标准成本是由直接人工工时耗用量标准和直接人工价格标准两个因素决定的。首先，确定产品生产标准工时和工资率；其次，计算单位产品直接人工标准成本。其计算公式为：

$$\frac{单位产品直接}{人工标准成本} = 标准薪酬率 \times 人工工时耗用标准$$

第三，制造费用标准成本的制定。由于制造费用无法追溯到具体的产品项目上，包括了固定制造费用和变动制造费用，因此，不能按产品制定消耗额。通常以责任部门为单位，按固定制造费用和变动制造费用编制预算。制造费用的标准成本是由制造费用的价格标准和制造费用的用量标准决定，制造费用价格标准即制造费用分配率标准，制造费用用量标准即工时用量标准。其计算公式为：

$$\frac{单位产品制造}{费用标准成本} = 制造费用分配率标准 \times 制造费用用量标准$$

$$\frac{制造费用}{分配率标准} = \frac{变动制造费用}{标准分配率} + \frac{固定制造费用}{标准分配率}$$

$$\frac{变动制造费用}{分配率标准} = \frac{变动制造费用预算}{预算标准工时}$$

$$\frac{固定制造费用分}{配率标准} = \frac{固定制造费用预算}{预算标准工时}$$

（4）成本差异的计算与分析

成本差异是指产品的实际成本与标准成本之间的差额。标准成本包括直接材料标准成本、直接人工标准成本、变动制造费用标准成本、固定制造费用标准成本，与此相对应，成本差异也有直接材料成本差异、直接人工成本差异、变动制造费用成本差异、固定制造费用成本差异，每一个标准成本项目均可以分解为用量标准和价格标准，成本差异也分解为数量差异和价格差异，标准成本差异分析实际上就是运用因素分析法（又称为连环替换法）的分析原理和思路对成本差异进行分析，遵循该法中的因素替换原则和要求，故进行标准成本的差异计算与分析应结合因素分析法加以考虑。

对成本差异既分成本项目、又分变动和固定成本、还分用量和价格因素等进行多方面、多角度的深入分析，其根本动因在于找出引起差异的具体原因，做到分清、落实部门、人员的责任，使成本控制真正得以发挥。

①直接材料差异的计算与分析

直接材料成本差异是直接材料的实际成本与其标准成本之间的差额，包括用量差异和价格差异。

$$直接材料标准成本差异 = 直接材料的实际成本 - 直接材料标准成本$$

其中：

$$直接材料的用量差异 = (实际用量 \times 标准价格) - (标准用量 \times 标准价格)$$
$$= (实际用量 - 标准用量) \times 标准价格$$

$$直接材料的价格差异 = (实际用量 \times 实际价格) - (实际用量 \times 标准价格)$$
$$= 实际用量 \times (实际价格 - 标准价格)$$

②直接人工差异的计算与分析

$$\begin{matrix}\text{直接人工}\\\text{标准成本差异}\end{matrix}=\text{直接人工的实际成本}-\text{直接人工的标准成本}$$

其中：

$$\begin{matrix}\text{直接人工}\\\text{效率差异（量差）}\end{matrix}=\left(\begin{matrix}\text{实际}\\\text{工时}\end{matrix}\times\begin{matrix}\text{标准}\\\text{薪酬率}\end{matrix}\right)-\left(\begin{matrix}\text{标准}\\\text{工时}\end{matrix}\times\begin{matrix}\text{标准}\\\text{薪酬率}\end{matrix}\right)$$

$$=（\text{实际工时}-\text{标准工时}）\times\text{标准薪酬率}$$

$$\begin{matrix}\text{直接人工薪酬率}\\\text{差异（价差）}\end{matrix}=\left(\begin{matrix}\text{实际}\\\text{工时}\end{matrix}\times\begin{matrix}\text{实际}\\\text{薪酬率}\end{matrix}\right)-\left(\begin{matrix}\text{实际}\\\text{工时}\end{matrix}\times\begin{matrix}\text{标准}\\\text{薪酬率}\end{matrix}\right)$$

$$=\text{实际工时}\times（\text{实际薪酬率}-\text{标准薪酬率}）$$

③变动制造费用差异计算与分析

变动制造费用的差异同样可分为价格差异和数量差异。价格差异是由于变动制造费用的分配率与标准分配率不一致造成的，又称为变动制造费用耗费差异；数量差异则是由于实际耗用工时与标准工时不一致造成的，又称为变动制造费用效率差异。

$$\begin{matrix}\text{变动制造费用}\\\text{耗费差异（价差）}\end{matrix}=（\text{实际工时}\times\text{变动制造费用实际分配率}）-$$
$$（\text{实际工时}\times\text{变动制造费用标准分配率}）$$
$$=（\text{变动制造费用实际分配率}-\text{变动制造费}$$
$$\text{用标准分配率}）\times\text{实际工时}$$

$$\begin{matrix}\text{变动制造费用}\\\text{效率差异（量差）}\end{matrix}=（\text{实际工时}\times\text{变动制造费用标准分配率}）-$$
$$（\text{标准工时}\times\text{变动制造费用标准分配率}）$$
$$=（\text{实际工时}-\text{标准工时}）\times\text{变动制造费用}$$
$$\text{标准分配率}$$

④固定制造费用差异计算与分析

固定制造费用有两种计算分析方法：一种是两因素差异分析法；另一种是三因素差异分析法。

两因素分析法将固定制造费用差异分为耗费差异和数量差异，这里的数量差异又称为能量差异。其计算公式为：

$$\frac{耗费}{差异} = 固定制造费用实际发生额 - 固定制造费用预算额$$

$$\frac{能量}{差异} = 固定制造费用预算额 - 实际产量下标准固定制造费用$$

$$= (预算工时 - 标准工时) \times 固定制造费用标准分配率$$

三因素分析法进一步将能量差异分为效率差异和生产能力利用差异，再加上前面的耗费差异就构成了三种影响因素。耗费差异的计算与前面完全一致。另外两种差异的计算公式为：

$$\frac{效率}{差异} = (实际工时 - 标准工时) \times 固定制造费用标准分配率$$

$$\frac{生产能力}{利用差异} = (预算工时 - 实际工时) \times 固定制造费用标准分配率$$

5. 责任成本控制

责任中心是指承担一定经济责任，并拥有相应管理权限和享受相应利益的企业内部责任单位的统称。责任成本是责任会计核算体系中的一个指标，对各责任中心的责任成本进行控制是企业内部财务控制系统的重要内容。

（1）责任成本控制的程序

①编制责任成本预算

②执行责任成本预算，并控制责任成本

③核算责任成本实际发生额

④分析责任成本，考核业绩

（2）责任成本核算

①责任成本的构成

第一，生产部门责任成本。生产部门责任成本除少数调整项目外，基本上与制造成本的内容一致，即由产品制造过程中发生直接材料、直接人工和制造费用，加上被追溯责任成本，扣减追溯责任成本构成。直接材料成本按内部转移价格计算，直接人工成本按职工薪酬组成内容确定。被追溯责任成本是指由其他责任中心追溯而来的应由本责任中心负担的成本；追溯责任成本是指由本责任中心追溯给其他责任中心的应由其负担的成本。

第二，物资供应部门责任成本。供应部门的责任成本包括：材料物资的采购成本；供应部门发生各项费用；材料储存中发生的各项费用；因材料质量问题造成的损失；因材料供应不及时造成的停工损失。

第三，设备管理部门责任成本。设备管理部门责任成本主要包括：设备管理内部发生的各项费用；设备由于非使用单位责任而造成的停工损失和废品损失；设备按计划进行的大修理费税金与计划的差额；设备大修理停工损失税金与计划的差额。

第四，技术开发部门责任成本。技术开发部门责任成本主要包括：新产品研制开发费用，老产品改造费用；产品设计投产后在生产中的浪费；工艺规程不合理在生产中造成的浪费；设计部门发生的其他费用。

第五，产品销售部门责任成本。产品销售部门责任成本主要包括：产品销售费用，销售违约金；销售不畅没有及时反馈信息的成品积压损失；销售价格折扣、折让、退回损失、坏账损失；产品仓储费。

②责任成本的核算方法

在会计实务中，责任成本核算有双轨制和单轨制两种方法。

第一，双轨制。该方法产品成本的计算仍然用原来的一套办法、一套凭证、一套人马，即原有的产品成本核算工作内容不变，而另外组织一套核算体系来专门计算责任成本。该方法由于用会计的方法核算责任成本，而且是单独进行核算，所以它提供的资料具有严密、精确的特点。这对于划清经济责任，无疑是非常重要的。

第二，单轨制。该方法由责任成本和产品成本同时在一套核算体系里核算而得，把责任成本的核算融合到产品成本计算之中，所得出的核算资料既能满足产品成本核算制的需要，又能满足责任成本制的需要。单轨制是我国推行责任成本制的基本方法。

③单轨制下责任成本核算程序

第一，确定责任者和成本费用核算对象；

第二，设置账簿；

第三，设置责任者预算卡片；

第四，归集生产费用。

6. 作业成本控制法

（1）作业成本控制概述

作业成本控制就是通过作业分析区分增值作业和非增值作业，尽可能地消除非增值作业，达到降低成本的目的。

作业成本控制与传统的成本控制相比，具有以下特点：

第一，作业成本控制是一种全面成本控制；

第二，作业成本控制是对产品整个生命周期的成本进行控制。

（2）作业成本控制的程序

①进行作业分析

第一，确认客户对作业过程的期望；

第二，把所有作业分为增值作业和非增值作业；

第三，不断提高所有增值作业的效率，做出消除非增值作业的计划。

②制定作业成本控制标准

在作业成本控制中，成本控制标准的制定是以作业中心为核心的，与作业的效率和作业量相关，确认每项作业的增值成本，并依据每项作业不同的成本动因数量制定成本标准，作为将来的业绩考核依据。

③计算实际作业成本

成本控制深入到作业水平，要求成本计算与之相适应，即要求实际成本计算深入到每一作业，进行作业成本计算。

④作业成本差异计算与分析

实际作业成本与标准作业成本之间的差额，称为标准作业成本差异。完整的差异计算与分析包括三个步骤：一是计算差异的数额并分析其种类；二是进行差异调查，找到产生差异的具体原因；三是判明责任，采取措施，改进成本控制。

（四）成本控制方法的综合运用

（1）目标成本设定与分解；

（2）成本改善与成本维持；

（3）成本的分析与业绩考核。

三、同步训练

（一）单项选择题

1. 下列各项中，有关成本计划与费用预算的表述，不正确的是（ ）。

   A. 制造费用计划由制造费用预算和制用分配两部分组成

   B. 制造费用预算的编制方法有固定预算法、弹性预算法、概率预算法

   C. 全厂产品成本计划包括主要产品单位成本计划和商品产品成本计划

   D. 辅助生产车间成本计划包括辅助生产费用预算和辅助生产费用分配两大部分

2. 下列各项中，有关成本计划与费用预算的表述，正确的是（ ）。

   A. 编制辅助生产车间成本计划无须考虑原材料项目

   B. 编制基本生产车间直接费用计划无须考虑废品损失项目

   C. 基本生产车间制造费用计划由制造费用预算和制造费用分配两部分组成

   D. 基本生产车间产品成本计划编制依据是各产品的直接生产费用计划和辅助生产费用计划

3. 下列各项中，属于预算在执行过程中自动延伸，使预算

期永远保持在一年的预算方法是（　　　）。

    A. 固定预算   B. 滚动预算

    C. 弹性预算   D. 概率预算

4. 下列各项中，属于实务中确定"例外"的标准通常考虑的标志是（　　　）。

    A. 一致性   B. 异常性

    C. 独立性   D. 特殊性

5. 在成本差异分析时，下列各项中，属于变动制造费用的效率差异类似的差异是（　　　）。

    A. 直接人工效率差异   B. 直接材料用量差异

    C. 直接材料价格差异   D. 直接材料成本差异

6. 下列各项中，能够克服固定预算的缺陷的预算方法是（　　　）。

    A. 定期预算   B. 滚动预算

    C. 弹性预算   D. 增量预算

7. 下列各项中，关于固定制造费用效率差异的表述中，正确的是（　　　）。

    A. 实际工时与标准工时之间的差异

    B. 实际工时与预算工时之间的差异

    C. 预算工时与标准工时之间的差异

    D. 实际分配率与标准分配率之间的差异

8. 在成本差异分析时，下列各项中，属于变动制造费用效率差异类似的差异是（　　　）。

    A. 直接人工效率差异   B. 直接材料价格差异

    C. 直接材料成本差异   D. 直接人工工资率差异

9. 如果直接人工实际工资率超过了标准工资率，但实际耗用工时低于标准工时，则直接人工的效率差异和工资率差异的性质是（　　　）。

    A. 效率差异为有利；工资率差异为不利

    B. 效率差异为有利；工资率差异为有利

    C. 效率差异为不利；工资率差异为不利

D. 效率差异为不利；工资率差异为有利

10. 某企业甲产品 3 月实际产量为 100 件，材料消耗标准为 10 千克，每千克标准价格为 20 元；实际材料消耗量为 950 千克，实际单价为 25 元。直接材料的数量差异为（　　　）元。

  A. -1 000　　　　　　　　B. 3 750

  C. 4 750　　　　　　　　D. 20 000

（二）多项选择题

1. 下列各项中，属于成本计划的内容有（　　　）。

  A. 期间费用预算

  B. 制造费用预算

  C. 产品单位成本和产品成本计划

  D. 降低成本的主要措施方案

2. 下列各项中，属于成本计划的编制形式的有（　　　）。

  A. 一级编制形式　　　　　B. 二级编制形式

  C. 多级编制形式　　　　　D. 一级分级相结合形式

3. 下列各项中，属于直接费用计划的成本项目有（　　　）。

  A. 原材料、辅助材料项目　B. 燃料及动力项目

  C. 职工薪酬项目　　　　　D. 废品损失项目

4. 下列各项中，属于成本控制的原则有（　　　）。

  A. 全面控制原则　　　　　B. 因地制宜原则

  C. 例外控制原则　　　　　D. 经济效益原则

5. 下列各项中，属于标准成本制定时应选择的有（　　　）。

  A. 理想标准成本　　　　　B. 正常标准成本

  C. 现实标准成本　　　　　D. 基本标准成本

6. 下列各项中，属于产品标准成本构成的有（　　　）。

  A. 直接材料标准成本　　　B. 直接人工标准成本

  C. 变动制造费用标准成本　D. 固定制造费用标准成本

7. 下列各项中，属于材料价格差异产生的原因有

（　　　　）。

    A. 材料质量的变化

    B. 采购费用的变动

    C. 材料加工中的损耗的变动

    D. 市场供求关系变化而引起的价格变动

8. 下列各项中，属于影响变动制造费用效率差异的原因有（　　　　）。

    A. 出勤率变化   B. 作业计划安排不当

    C. 加班或使用临时工   D. 工人劳动情绪不佳

9. 下列各项中，不属于变动制造费用价差的是（　　　　）。

    A. 耗费差异   B. 效率差异

    C. 闲置差异   D. 能量差异

10. 下列各项中，属于按三因素分析法下固定制造费用成本差异的有（　　　　）。

    A. 耗费差异   B. 能量差异

    C. 效率差异   D. 生产能力利用差异

（三）判断题

1. 编制成本计划时必须广泛收集和整理各项基础资料并加以分析研究。（　　）

2. 制造费用预算也可以按辅助生产费用预算的编制方法进行编制。（　　）

3. 在采用平行结转法时，最后一个基本生产车间产品的计划单位成本即为该产品的计划单位成本。（　　）

4. 概率预算可以为企业不同的经济指标水平或同一经济指标的不同业务量水平计算出相应的预算额。（　　）

5. 直接材料标准成本根据直接材料用量标准和直接材料标准价格计算。（　　）

6. 作为计算直接人工标准成本的用量标准，必须是直接人工生产工时。（　　）

7. 变动制造费用耗费差异，是实际变动制造费用支出与按标准工时和变动费用标准分配率计算确定的金额之间的差额。

（　　）

8. 定额成本法不仅是一种产品成本计算方法，还是一种产品成本控制方法。（　　）

9. 成本控制是指为降低产品成本而进行的控制。（　　）

10. 材料用量不利差异必须由生产部门负责。（　　）

（四）计算分析题

1. 某企业按照 8 000 直接人工小时编制的预算资料如下：

表 8-1　　　　　　　　　　　　　　　　　　　　单位：元

变动成本	金额	固定成本	金额
直接材料	6 000	间接人工	11 700
直接人工	8 400	折旧	2 900
电力及照明	4 800	保险费	1 450
合计	19 200	电力及照明	1 075
		其他	875
		合计	18 000

要求：不考虑其他因素，按公式法编制 9 000、10 000、11 000 直接人工小时的弹性预算。（该企业的正常生产能量为 10 000 直接人工小时，假定直接人工小时超过正常生产能量时，固定成本将增加 6%）

2. 设某公司采用零基预算法编制下年度的销售及管理费用预算。该企业预算期间需要开支的销售及管理费用项目及数额如下：

表 8-2　　　　　　　　　　　　　　　　　　　　单位：元

项　目	金　额
产品包装费	12 000
广告宣传费	8 000
管理推销人员培训费	7 000

表8-2(续)

项　目	金　额
差旅费	2 000
办公费	3 000
合计	32 000

经公司预算委员会审核后,认为上述五项费用中产品包装费、差旅费和办公费属于必不可少的开支项目,保证全额开支。其余两项开支根据公司有关历史资料进行"成本——效益分析"其结果为:广告宣传费的成本与效益之比为1∶15;管理推销人员培训费的成本与效益之比为1∶25。

假定该公司在预算期上述销售及管理费用的总预算额为29 000元,不考虑其他因素,要求编制销售以及管理费用的零基预算。

3. 某企业生产产品需要两种材料,有关资料如下:

表 8-3

材料名称	甲材料	乙材料
实际用量	3 000 千克	2 000 千克
标准用量	3 200 千克	1 800 千克
实际价格	5 元/千克	10 元/千克
标准价格	4.5 元/千克	11 元/千克

要求:不考虑其他因素,分别计算两种材料的成本差因,分析差异产生的原因。

4. 某企业本月固定制造费用的有关资料如下:

生产能力　　　　　　　　2 500 小时
实际耗用工时　　　　　　3 500 小时
实际产量的标准工时　　　3 200 小时
固定制造费用的实际数　　8 960 元
固定制造费用的预算数　　8 000 元
不考虑其他因素。

要求：

（1）根据所给资料计算固定制造费用的成本差异。

（2）采用三因素分析法计算固定制造费用的各种差异。

（五）简答题

1. 简述成本计划的内容和作用。

2. 简述成本计划编制的程序。

3. 实行滚动预算的意义何在？

4. 简述标准成本控制的含义及控制的程序。

5. 为什么产品设计阶段的目标成本控制是成本控制的关键环节？

四、同步训练答案

（一）单项选择题

1. C　　2. C　　3. B　　4. D　　5. A　　6. C

7. A　　8. A　　9. A　　10. A

（二）多项选择题

1. ABCD　2. ACD　　3. ABCD　4. ACD　　5. ABC

6. ABCD　7. ABD　　8. BD　　9. BCD　　10. ACD

（三）判断题

1. ×　　2. √　　3. ×　　4. ×　　5. ×　　6. √

7. ×　　8. √　　9. ×　　10. ×

（四）计算分析题

1. 解：9 000 工时：变动成本 = 2.4×9 000 = 21 600（元）

固定成本 = 18 000（元）

合计 39 600（元）

10 000 工时：变动成本 = 2.4×10 000 = 24 000（元）

固定成本 = 18 000（元）

合计 42 000（元）

11 000 工时：变动成本 = 2.4×11 000 = 26 400（元）

固定成本 = 18 000×1.06 = 19 080（元）

合计 45 480（元）

2. 解：

产品包装费、差旅费和办公费 = 12 000+2 000+3 000

= 17 000（元）

广告和推销费用 = 29 000-17 000 = 12 000（元）

广告和推销费用的分配率 = 12 000÷（15+25）= 300

广告费 = 300×15 = 4 500（元）

推销费 = 300×25 = 7 500（元）

3. 解：

（1）甲材料成本差异 = 3 000 × 5-3 200 × 4.5 = 600（元）

产生原因：甲材料用量差异 = (3 000-3 200)× 4.5

= -900（元）

甲材料价格差异 = 3 000×(5-4.5) = 1 500（元）

（2）乙材料成本差异 = 2 000×10-1 800×11 = 200（元）

产生原因：乙材料用量差异 = (2 000-1 800)×11

= 2 200（元）

乙材料价格差异 = 2 000×（10-11）= -2 000（元）

4. 解：

（1）固定制造费用标准分配率 = 8 000 ÷ 2 500 = 3.2

固定制造费用的成本差异 = 8 960-3 200×3.2 = -1 280（元）

（2）耗费差异 = 8 960-8 000 = 960（元）（不利差异）

生产能力利用差异 = （2 500-3 500）×3.2

= -3 200（元）（有利差异）

效率差异 = （3 500-3 200）×3.2 = 960（元）（不利差异）

三项之和 $=960-3\ 200+960$

$\qquad =-1\ 280$（元）（固定制造费用的成本差异）

（五）简答题

答案（略）。

第九章
成本考核与审计

一、学习目的

通过本章学习，主要达到以下目的：

1. 了解成本考核与评价的意义，理解成本考核与评价的原则；

2. 掌握成本考核与评价的指标分类；

3. 掌握责任成本的特点及计算；

4. 掌握内部转移价格的确定。

二、重点和难点

（一）成本考核

1. 成本考核与评价的意义

成本考核是指定期考查审核成本目标实现情况和成本计划指标的完成结果，全面评价成本管理工作的成绩。成本考核的作用是，评价各责任中心特别是成本中心业绩，促使各责任中心对所控制的成本承担责任，并借以控制和降低各种产品的生产成本。成本考核与评价的意义在于：

（1）评价企业生产成本预算、计划的完成情况；

（2）评价有关财经纪律和管理制度的执行情况；

（3）激励责任中心与全体员工的积极性。

2．成本考核与评价的原则

（1）以政策法令为依据；

（2）以企业计划为标准；

（3）以完整可靠的资料、指标为基础；

（4）以提高经济效益为目标。

3．成本考核的范围

企业内部的成本考核，可以根据企业下达的分级、分工、分人的成本计划指标进行。按照分级、分工、分人建立责任中心，计算责任中心的责任成本。责任成本是指特定的责任中心所发生的耗费。为了正确计算责任成本，必须先将成本按已确定的经济责权分管范围分为可控成本和不可控成本。划分可控成本和不可控成本，是计算责任成本的先决条件。所谓可控成本和不可控成本是相对而言的，是指产品在生产过程中所发生的耗费能否为特定的责任中心所控制。可控成本应符合三个条件：①能在事前知道将发生什么耗费；②能在事中发生偏差时加以调节；③能在事后计量其耗费。三者都具备则为可控成本，缺一则为不可控成本。

4．责任中心

（1）责任中心

责任中心是指承担一定经济责任，并拥有相应管理权限和享受相应利益的企业内部责任单位的统称。责任中心是为完成某种责任而设立的特定部门，其基本特征是权、责、利相结合。

（2）成本中心

一个责任中心，若不形成收入或者不对实现收入负责，而只对成本或费用负责，则称这类责任中心为成本中心。成本中心有广义和狭义之分。狭义的成本中心是对产品生产或提供劳动过程中的资源耗费承担责任的责任中心。狭义的成本中心一般是指负责产品生产的生产部门及劳务提供部门。广义的成本中心范围较广，除了狭义的成本中心以外，还包括那些生产性的以控制经营管理费用为主的责任中心，即费用中心。

（3）责任成本的特点

①责任成本的含义

责任成本是指由特定的责任中心所发生的耗费。当将企业的经营责任层层落实到各责任中心后，就需对各责任中心发生的耗费进行核算，以正确反映各责任中心的经营业绩，这种以责任中心为对象进行归集的成本叫责任成本。

②责任成本的特点

责任成本的显著特点为可控制性。所谓可控制是指产品在生产过程中所发生的耗费能否为特定的责任中心所控制。要达到可控制必须同时具备以下四个条件：一是可以预计。即责任中心能够事先知道将发生哪些成本以及在何时发生。二是可以计量。即责任中心能够对发生的成本进行计量。三是可以施加影响。即责任中心能够通过自身的行为来调节成本。四是可以落实责任。即责任中心能够将有关成本的控制责任分解落实，并进行考核评价。

③责任成本的计算

根据上述责任成本与产品成本之间的区别和联系，我们可以把责任成本和产品成本的计算模式简单列作图 9-1 所示。

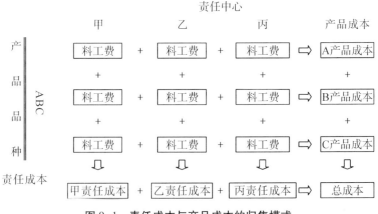

图 9-1　责任成本与产品成本的归集模式

从图 9-1 中以可看出，责任成本的计算与产品成本的计算是两种不同的核算体系。产品成本以产品品种为归集对象，将各种产品在各责任中心中所发生的料工费加总起来，就是生产该产品的生产成本。而责任成本则以各责任中心为归集对象，将各责任中心为生产各种产品所发生的料工费加总起来，就构成责任成本。

（4）内部转移价格

内部转移价格是指企业内部各责任中心之间相互提供中间产品或劳务时所采用的结算价格，也是进行内部责任转移时使用的计价标准。常用的内部转移价格主要有四种：

①市场价格

市场价格是以产品或劳务的市场供应价格作为计价基础的。其理论基础是：对于独立的责任中心进行评价，就要看其在市场上的获利能力。

②产品成本

以产品成本作为内部转移价格。它是制定内部转移价格的最简单的方法。在管理会计中常常使用不同的成本概念，如实际成本、标准成本、变动成本等，它们对内部转移价格的制定和各责任中心的业绩考评将产生不同的影响。

第一，实际成本。以中间产品的生产成本作为其内部转移价格，这种实际成本资料容易取得。

第二，实际成本加成。根据产品或劳务的实际成本，再加上一定的合理利润作为计价基础的优点是能保证销售产品或劳务的单位有利可图，可以调动他们的工作积极性。

第三，标准成本。以各中间产品的标准（预算）成本作为其内部转移价格。

第四，变动成本。以变动成本作为内部转移价格的目的是使部门决策合理化，避免内部转移价格不当所导致的部门决策失误。

③协商价格

协商价格就是由有关责任中心定期共同协商、确定一个双方均愿意接受的价格，作为计价基础。

④双重价格

双重价格就是对买方责任中心和卖方责任中心分别采用不同的转移价格作为计价基础。

5. 成本考核的指标

（1）按成本考核与评价的内容，成本考核指标可以分为以下几个：

①实物指标和价值指标

实物指标是指从产品使用价值的角度出发，按照它的自然计量单位来表示的指标；价值指标是指以货币为统一尺度表现的指标，生产费用、产品成本、办公费等指标都属于成本考核所采用的价值性指标。在成本考核中，实物指标是基础，价格指标是综合反映。成本指标的完成情况需要把实物指标和价值指标结合起来才能全面地反映出来。

②数量指标和质量指标

数量指标是指可以以定量的形式表达的对某一方面的工作在指定范围和指定时间内应达到的标准的指标；质量指标是反映一定时期工作质量和控制成本水平的指标。在成本考核中，有意识地将成本考核项目的数量指标和质量指标结合在一起，能帮助人们全面、准确地认识和掌握成本变化的规律。

③单项指标和综合指标

单项指标是反映成本变化中单个事项变动情况的指标；综合指标是概括反映某类成本事项的总体指标。单项指标是基础，综合指标一方面是对单项指标的概括和总结，另一方面是对事物更全面的总体表示。

（2）从考核与评价的对象来划分，成本考核指标可以分为以下几个：

①商品产品计划总成本

商品产品包括可比产品和不可比产品，其成本控制标准都要编入成本计划，规定商品产品的计划总成本。该指标要通过实际执行结果与计划比较进行考核。

②可比产品成本降低额和降低率

在编制成本计划时，要规定可比产品的计划成本降低额和降低率，因此，在成本考核中，也要将可比产品成本降低额、降低率列为考核内容，为其确定成本指标，并通过实际执行结果与计划比较进行考核。

6.成本考核的方法

（1）行业内部考核指标

随着市场经济的建立和完善，虽然国家不再直接考核企业的成本水平，但行业之间的成本考核评比还是必要的。其指标包括以下几项：

$$成本降低率 = \frac{标准总成本 - 实际总成本}{标准总成本}$$

标准总成本 = 报告期产品产量×标准单位成本

实际总成本 = 报告期产品产量×报告期实际单位成本

$$销售收入成本率 = \frac{报告期销售成本总额}{报告期销售收入总额} \times 100\%$$

（2）企业内部责任成本考核

$$责任成本差异率 = \frac{责任成本差异额}{标准责任成本总额} \times 100\%$$

其中，责任成本差异额是指实际责任成本与标准责任成本的差异。

$$责任成本降低率 = \frac{本期责任成本降低额}{上期责任成本总额} \times 100\%$$

（3）成本考核的综合评价

成本考核的综合评价包括成本管理岗位工作考核，引入成本否决制的基本思想，与奖惩密切结合起来。

①成本管理岗位工作考核

这是会计工作达标考核标准的一部分，是对成本核算和管理人员工作内容、工作状况、工作方式、工作态度及其工作业绩的综合评价。该项制度采取考核评分的形式，每个岗位以100分为满分，达到60分以上为达标及格，不足60分为不及格。

②成本否决制与成本考核

成本否决是企业为了求得自身的不断发展而采取的一种旨在制约、促进生产经营管理，提高经济效益的手段。其主要内容和特点表现为：一是成本否决存在于生产经营的全过程，贯穿成本预测、决策、计划、核算、分析中，涉及产品的设计、决策、生产、销售等各个环节，具有时间上、空间上的前馈控制、过程控制、反馈控制。二是成本否决是一个动态循环过程，否决了生产成本，涉及原材料成本，否决了原材料成本，涉及原材料的采购成本，否决了原材料的采购成本，涉及采购计划及其实施……从再生产过程来看，否决了销售，涉及生产，否决了生产，涉及供应……从企业各个部门及有关人员的职责的完成情况上考核其工作业绩，从供、产、销的衔接及其制约上评价成本的升降情况，促使企业走上良性循环的轨道。三是成本否决是一个自我调节的过程：在产品决策阶段，通过认真、科学的论证，选择具有竞争力的产品，使其机会成本最低；在产品设计阶段，利用价值工程等理论和方法，使产品的功能与其价值相匹配，使其达到优化，消除成本管理的"先天不足"问题；在材料采购阶段，除控制采购费用外，尽量选择功能相当、价格较低的代用材料，控制材料采购成本；在生产阶段，通过生产工艺过程和产品结构的分析，严格定额管理，运用价值工程进行进一步管理控制；在销售阶段，加强包装、运输、销售费用管理；在售后服务阶段，加强产品服务管理，提高售后服务队伍的职业道德和业务素质，降低外部故障成本，改善企业形象。

7. 成本考核与评价的程序

（1）编制和修订责任成本预算

责任成本预算是根据预定的生产量、生产消耗标准和成本标准运用弹性预算方法编制的各责任中心的预定责任成本。责任成本预算是各责任中心业绩控制和考核的重要依据。在编制责任成本预算时，应注意两个方面：一是当实际的业务量与预定业务量不一致时，责任成本预算应按实际业务量予以调整以正确评价经营业绩；二是当企业和市场环境发生变化时，应不断修订产品生产消耗的标准成本，以不断适应环境的变化，并正确评价责任中心的经营业绩。

（2）确定成本评价指标

成本评价的指标主要集中于目标成本完成情况，包括目标成本节约额和目标成本节约率两个指标。

①目标成本节约额

目标成本节约额是一个绝对数指标，它以绝对数形式反映目标成本的完成情况。这一指标的计算公式为：

目标成本节约额＝预算成本－实际成本

②目标成本节约率

目标成本节约率是一个相对数指标，它以相对数形式反映目标成本的完成情况。这一指标的计算公式为：

$$目标成本节约率 = \frac{目标成本节约额}{目标成本} \times 100\%$$

（3）业绩评价

目标成本节约额和目标成本节约率两指标相辅相成，因此评价一个责任中心的经营业绩时必须综合考核两个指标的结果。但在实际工作中，还应考虑一些具体情况，例如，几种产品耗用的材料是否相同；标准成本前次修订时间的长短，因为如果标准成本很久没修订，就很难适应环境的变化，这样以过时的标准来衡量现在的工作业绩，就会失之偏颇；有无特殊情况或不可预计或不可控情况的发生。只有综合考核了各个方面因素的影响，业绩评价才能做到公正、合理，才能收到良好的效果。

5. 成本考核与评价的方法

成本评价要求责任者对所控制的成本负责任，同时与奖惩制度相结合，即企业应该实行目标责任成本制，用归口管理的目标责任成本进行评价。企业内部的成本评价，一般是根据企业下达的分级、分工、分人的责任成本计划指标进行。目前，我国大多数企业实行经济责任制，把加强成本管理与经济责任制结合起来，在企业内部实行责任会计制度，核算责任成本。

这样，使可以改变过去以产品成本为评价中心的做法，代之以企业内部各经济单位的责任成本为中心的评价体系，从而建立并推行责任成本制度，为成本评价提供更为直接的依据。

（二）成本审计

1. 成本审计的内涵

成本审计是指对生产费用的发生、归集和分配，以及产品成本计算的真实性、合法性和效益性的检查监督，包括事前、事中和事后的成本审计。

（1）事前成本审计主要是指审核成本预测的可靠性、成本决策和成本计划的先进性和可行性。

（2）事中成本审计是指日常审核有关成本的原始凭证和记账凭证以及物资消耗、付款、转账业务的合法性和正确性。

（3）事后成本审计是指通过对已经消耗、付款、转账的原始凭证、记账凭证、账簿、报表及书面资料的检查，并通过实物的盘存和鉴定，使之合理、合法和正确。

2. 成本审计的意义

（1）通过成本费用审计，可以监督企业按国家有关规定进行成本核算管理，纠正成本核算中出现的弊端，保证成本费用的合法性、真实性和正确性。

（2）通过成本费用审计，可以帮助企业健全成本控制制度，提高成本管理和核算水平，降低产品成本并提高利润。

（3）通过成本费用审计，可以降低审计人员在企业财务报表审计中由于成本费用失真而导致的风险。

3. 成本审计的任务

（1）审计成本费用计划和定额的执行情况；
（2）审计成本费用支出的真实性；
（3）审计成本费用计算的合理性；
（4）审计成本费用内部控制系统的健全有效性。

通过查明成本费用支出手续制度和分配系统中存在的各种漏洞缺陷，及时发现薄弱环节，促进企业生产技术和经营管理水平的改进。

4. 成本审计的内容

审计人员可以依法对企业某会计期间发生的生产经营耗费按费用项目进行审计和对生产一定种类、一定数量的产品的制造成本按成本项目进行审计。

（1）产品成本一般包括直接材料、直接人工和制造费用三个组成部分，应从费用的归集和分配两个角度来进行审计。

（2）在本月产品没有全部完工的情况下，产品成本的计算是否正确，既要审计生产费用在各种不同产品之间的分配、在不同期间的分配，又要审计生产费用在完工产品和在产品之间的分配，于是完工产品和在产品成本的审计就构成了成本审计的重要内容。

（3）期间费用包括营业费用、管理费用和财务费用，应审计是否遵循开支范围，有无提高开支标准的现象。

（4）成本测试就是对成本计算方法的是否合理，成本计算数据是否正确，进行抽样测定的一种审计方法。

（5）企业的成本报表，包括商品产品成本表、主要产品单位成本表和制造费用明细表，对这些报表的审查，主要看其数据计算是否正确、真实、完整。

5. 成本审计的方法

（1）对产品成本本期发生额的审查；

（2）对产成品和在产品的审查；

（3）期间费用审计；

（4）成本测试；

（5）对成本报表的检查。

三、同步训练

（一）单项选择题

1. 下列各项中，适合在财务部设置责任中心的是

（　　　　）。

    A. 成本中心   B. 费用中心

    C. 利润中心   D. 投资中心

2. 下列各项中，属于销售部门的可控责任成本的是

（　　　　）。

    A. 利息费用   B. 停工损失

    C. 广告费用   D. 研发费用

3. 下列各项中，属于实物指标的是（　　　　）。

    A. 生产费用   B. 产品成本

    C. 办公费   D. 材料消耗数量

4. 下列各项中，不属于责任成本基本特征的是（　　　　）。

    A. 可以预计   B. 可以计量

    C. 可以控制   D. 可以对外报告

5. 下列各项中，属于企业在利用激励性指标对责任中心进行定额控制时所选择的控制标准是（　　　　）。

    A. 最高控制标准   B. 最低控制标准

    C. 平均控制标准   D. 弹性控制标准

6. 下列各项中，属于质量指标的是（　　　　）。

    A. 产量   B. 总成本

    C. 生产费用   D. 产品单位成本

7. 某企业甲责任中心将 A 产品转让给乙责任中心时，厂内银行按 A 产品的单位市场售价向甲支付价款，同时按 A 产品的单位变动成本从乙责任中心收取价款。据此，可以认为该项内部交易采用的内部转移价格是（　　　　）。

    A. 市场价格   B. 协商价格

    C. 成本转移价格   D. 双重转移价格

8. 审核成本预测的可靠性、成本决策和成本计划的先进性和可行性是（　　　　）。

    A. 事前成本审计   B. 事中成本审计

    C. 事后成本审计   D. 成本综合审计

9. 下列各项中，不属于企业成本审计事项的是（　　　　）。

A. 成本测试　　　　　　　B. 期间费用审计

C. 成本报表检查　　　　　D. 总经理任中审计

10. 下列表述中，不正确的是（　　　）。

A. 广义的成本中心即费用中心

B. 没有一种适应各种使用目的的最佳内部转移价格

C. 责任成本的计算与产品成本的计算是两种不同的核算体系

D. 在成本考核与评价中，实物指标是基础，价格指标是综合反映

（二）多项选择题

1. 下列各项中，属于成本考核的原则有（　　　）。

A. 以政策法令为依据

B. 以企业计划为标准

C. 以提高经济效益为目标

D. 以完整可靠的资料、指标为基础

2. 下列各项中，可以作为内部转移价格的有（　　　）。

A. 市场价格　　　　　　　B. 产品成本

C. 协商价格　　　　　　　D. 双重价格

3. 下列各项中，属于产品成本审计的有（　　　）。

A. 期间费用审计　　　　　B. 直接材料审计

C. 直接人工审计　　　　　D. 制造费用审计

4. 下列各项中，属于综合指标的有（　　　）。

A. 全部生产费用　　　　　B. 全部产品总成本

C. 可比产品成本降低率　　D. 甲产品单位成本

5. 下列各项中，属于企业事后成本审计的业务有（　　　）。

A. 成本计划审计　　　　　B. 实物的盘存和鉴定

C. 领用时会计凭证审计　　D. 报表及书面资料的检查

6. 下列各项中，属于成本报表检查的有（　　　）。

A. 利润表　　　　　　　　B. 产品成本表

C. 制造费用明细表　　　D. 主要产品单位成本表

7. 下列各项中，属于对领料单的检查应注意的事项有（　　）。

　　A. 领用的手续是否齐全

　　B. 领用的数量是否符合实际

　　C. 领料单上的材料是否为生产上所必须

　　D. 领料单有否涂改、材料分配是否合理

8. 下列各项中，属于对材料价格的检查应注意的事项有（　　）。

　　A. 材料采购的价格是否符合规定

　　B. 材料的计价方法是否一致，有无错误

　　C. 材料质量是否经过化验分析，数量是否计量

　　D. 材料的批量采购是否节约资金，而又不影响正常生产

9. 下列各项中，属于测试成本计算的正确性所采用的程序有（　　）。

　　A. 测试工资及费用成本

　　B. 测试主要原材料成本

　　C. 选定一种产品进行测试

　　D. 测试单位成本的计算是否正确

10. 下列各项中，属于可比产品成本降低率的决定因素有（　　）。

　　A. 去年实际可比产品单位成本

　　B. 本年实际可比产品产量

　　C. 本年实际可比产品单位成本

　　D. 本年计划可比产品产量

（三）判断题

1. 成本考核是指定期考查审核成本目标实现情况和成本计划指标的完成结果，全面评价成本管理工作的成绩。（　　）

2. 狭义的成本中心包括那些生产性的以控制经营管理费用

为主的责任中心。 （ ）

3. 责任中心是为完成某种责任而设立的特定部门，其基本特征是权、责、利相结合。 （ ）

4. 责任成本与产品成本是两个完全相同的概念（ ）

5. 若不形成收入或者不对实现收入负责，而只对成本或费用负责，则称这类责任中心为成本中心。 （ ）

6. 市场价格是以产品或劳务的完全成本作为计价基础的。

（ ）

7. 双重价格就是对买方责任中心和卖方责任中心分别采用不同的转移价格作为计价基础。 （ ）

8. 实际成本加成根据产品或劳务的实际变动成本，再加上一定的合理利润作为计价基础的。 （ ）

9. 成本审计是指对生产费用的发生、归集和分配，以及产品成本计算的真实性、合法性和效益性的检查监督。 （ ）

10. 期间费用审计是企业整体成本费用审计与产品制造成本审计不相关联的审计业务。 （ ）

（四）思考题

1. 简述成本考核的内涵。

2. 简述成本考核的范围与内容。

3. 简述成本考核指标的分类。

4. 简述成本考核的方法和程序。

5. 简述成本审计的内涵。

6. 简述成本审计的内容。

7. 简述成本审计的方法。

（五）计算题

1. 某企业生存 A、B、C 三种产品，每种产品需经过甲、乙、丙三个生产部门加工，2005 年 7 月份发生直接材料费 253 000 元、直接人工费 86 000 元、制造费用 125 000 元。根据有关原始凭证和费用分配表，计算各责任中心和各产品本月成本（见表9-1）。

成本项目	合计	责任成本			产品成本		
		甲	乙	丙	A	B	C
直接材料	253 000	131 000	75 000	47 000	68 000	94 000	91 000
直接人工	86 000	35 000	20 000	31 000	23 000	18 000	45 000
制造费用	125 000	59 000	36 000	30 000	42 000	51 000	32 000
总成本	464 000	225 000	131 000	108 000	133 000	163 000	168 000

如果甲、乙、丙三个责任中心的责任成本预算分别为
210 000元、140 000元和100 000元，不考虑其他因素。要求计
算三个责任中心的目标成本节约额和节约率（预算完成率）

2. 某企业2014年度财务决算时发现，12月份生产用房屋1
号楼少提折旧10 000元。假设生产成本、产成品、产品销售成
本均为实际发生额时，企业有以下几种情况：

（1）生产成本无余额，全部完工转入产成品，且产成品全
部售出，调整产品销售成本。该企业生产A、B、C三种产品，
通过计算，A产品为5 000元，B产品为3 000元，C产品为
2 000元。

（2）生产成本无余额，全部完工转入产成品，产成品部分
销售，调整产成品和产品销售成本。

如资料（1），完工A产品销售3/5即3 000元，完工B产
品销售2/5即1 200元，完工C产品销售3/5即1 200元。

（3）生产成本有余额2 000元，部分完工转入产成品，产
成品全部售出，调整生产成本和产品销售成本。如少提10 000
元折旧，经过计算转入产成品A 4 000元，产成品B 3 000元，
产成品C 1 000元。调整如下：

（4）生产成本有余额，部分完工转入产成品，产成品部分
售出，调整生产成本、产成品和产品销售成本。如资料（3）
中，完工的产成品A销售1/2即2 000元，产成品B销售1/2即
1 500元，产成品C销售1/2即500元。

（5）不考虑其他因素。

要求：编制以上四种情况下业务调整的会计分录。

四、同步训练答案

（一）单项选择题

1. B　　2. C　　3. D　　4. D　　5. B　　6. D

7. D　　8. A　　9. D　　10. A

（二）多项选择题

1. ABCD　2. ABCD　3. BCD　4. ABC　5. BD

6. BCD　7. ABCD　8. ABCD　9. ABCD　10. ABC

（三）判断题

1. √　　2. ×　　3. √　　4. ×　　5. √　　6. ×

7. √　　8. ×　　9. √　　10. ×

（四）计算题

1. 解：

（1）甲责任中心目标成本节约额 $= 210\,000 - 225\,000$

$$= -15\,000（元）$$

甲责任中心目标成本节约率 $= 225\,000 \div 210\,000$

$$= 107.14\%$$

（2）乙责任中心目标成本节约额 $= 140\,000 - 131\,000$

$$= 6\,900（元）$$

乙责任中心目标成本节约率 $= 131\,000 \div 140\,000$

$$= 93.57\%$$

（3）丙责任中心目标成本节约额 $= 100\,000 - 108\,000$

$$= -8\,000（元）$$

丙责任中心目标成本节约率 $= 108\,000 \div 100\,000 = 108\%$

2. 某企业 2014 年度财务决算时发现，12 月份生产用房屋 1 号楼少提折旧 10 000 元。假设生产成本、产成品、产品销售成本均为实际发生额时，企业有以下几种情况：

（1）调整如下：

借：产品销售成本——A 产品   5 000
      ——B 产品   3 000
      ——C 产品   2 000
  贷：累计折旧——房屋——1 号楼   10 000
借：本年利润   10 000
  贷：产品销售成本——A 产品   5 000
       ——B 产品   3 000
       ——C 产品   2 000

（2）调整如下：

借：产成品——A 产品   2 000
    ——B 产品   1 800
    ——C 产品   800
  产品销售成本——A 产品   3 000
      ——B 产品   1 200
      ——C 产品   1 200
  贷：累计折旧——房屋——1 号楼   10 000
借：本年利润   5 400
  贷：产品销售成本——A 产品   3 000
       ——B 产品   1 200
       ——C 产品   1 200

（3）调整如下：

借：生产成本   2 000
  产品销售成本——A 产品   4 000
      ——B 产品   3 000
      ——C 产品   1 000
  贷：累计折旧——房屋——1 号楼   10 000
借：本年利润   8 000

贷：产品销售成本——A 产品	4 000
——B 产品	3 000
——C 产品	1 000

（4）调整如下：

借：生产成本	2 000
产成品——A 产品	2 000
——B 产品	1 500
——C 产品	500
产品销售成本——A 产品	2 000
——B 产品	1 500
——C 产品	500
贷：累计折旧——房屋——1 号楼	10 000
借：本年利润	4 000
贷：产品销售成本——A 产品	2 000
——B 产品	1 500
——C 产品	500

（五）思考题

答案（略）。

综合训练题一

试题

一、单项选择题

1. 下列各项中，属于混合成本的是（　　　）
　　A. 折旧　　　　　　　　B. 直接人工
　　C. 直接材料　　　　　　D. 管理费用

2. 下列各项中，不能作为"制造费用"分配依据的是（　　　）。
　　A. 直接薪酬　　　　　　B. 生产工时
　　C. 机器工时　　　　　　D. 生产工人人数

3. 分配辅助生产费用时，下列各项中，不需要计算产品或劳务的费用分配率的方法是（　　　）。
　　A. 直接分配法　　　　　B. 交互分配法
　　C. 代数分配法　　　　　D. 计划成本分配法

4. 下列各项中，属于区分各种不同传统成本计算法的标志是（　　　）。
　　A. 成本计算期　　　　　B. 成本计算对象
　　C. 横向生产费用划分方法　D. 纵向生产费用划分方法

5. 下列各项中，对作业成本法表述不正确的是（　　　）。

A. 是成本核算方法之一

B. 以作业来管理成本

C. 以作业为纽带进行直接成本的分配

D. 以作业为纽带进行共同、联合成本的分配

6. 下列各项中，适用于产品成本计算的分类法计算成本的是（　　　）。

A. 品种、规格繁多的产品

B. 可以按照一定标准分类的产品

C. 只适用于大量大批生产的产品

D. 品种、规格繁多，而且可以按照一定标准分类的产品

7. 下列各项中，关于成本报表性质的表述，正确的是（　　　）。

A. 对内报表

B. 对外报表

C. 既是对内报表，又是对外报表

D. 对内或对外，由企业自行决定

8. 某企业每月固定成本 2 000 元，单价 20 元，计划销售产品 500 件，欲实现目标利润 1 000 元，其单位变动成本为（　　　）元。

A. 12 　　　　　　　　B. 13

C. 14 　　　　　　　　D. 15

9. 下列各项中，属于预算在执行过程中自动延伸，使预算期永远保持在一年的预算方法是（　　　）。

A. 固定预算 　　　　　B. 滚动预算

C. 弹性预算 　　　　　D. 概率预算

10. 下列各项中，属丁销售部门的可控责任成本的是（　　　）。

A. 利息费用 　　　　　B. 停工损失

C. 广告费用 　　　　　D. 研发费用

二、多项选择题

1. 下列各项中，属于西方经济学范畴的成本有（　　　）。
   A. 不变资本　　　　　　B. 可变成本
   C. 交易费用　　　　　　D. 机会成本

2. 下列各项中，属于正确计算产品成本应该正确划分的费用界限有（　　　）。
   A. 生产费用与经营管理费用的界限
   B. 完工产品和在产品成本的界限
   C. 各月份的费用界限
   D. 各种产品的费用界限

3. 下列各项中，属于生产费用按经济内容分类的项目有（　　　）。
   A. 外购材料　　　　　　B. 直接人工
   C. 折旧费　　　　　　　D. 制造费用

4. 下列各项中，属于产品成本计算的基本方法的有（　　　）。
   A. 品种法　　　　　　　B. 分批法
   C. 分步法　　　　　　　D. 分类法

5. 下列各项中，属于作业成本法基本概念的有（　　　）。
   A. 资源　　　　　　　　B. 作业
   C. 成本动因　　　　　　D. 成本对象

6. 下列各项中，属于类内不同品种规格、型号产品之间成本分配的标准有（　　　）。
   A. 定额总费用　　　　　B. 定额耗用总量
   C. 产品重量、体积　　　D. 产品编号顺序

7. 下列各项中，属于制造企业成本报表的有（　　　）。
   A. 制造费用明细表　　　B. 主要产品单位成本表
   C. 全部产品生产成本表　D. 各种期间费用明细表

8. 当企业处于保本状态时，下列说法正确的有（　　　）。
   A. 利润为零　　　　　　B. 贡献毛益等于固定成本

C. 销售收入等于销售成本 D. 固定成本等于目标利润

9. 下列各项中,属于成本计划的编制形式的有 (　　　　)。

    A. 一级编制形式　　　　　　B. 二级编制形式

    C. 多级编制形式　　　　　　D. 一级分级相结合形式

10. 下列各项中,可以作为内部转移价格的有 (　　　　)。

    A. 市场价格　　　　　　　　B. 产品成本

    C. 协商价格　　　　　　　　D. 双重价格

三、判断题

1. 从理论上讲,成本是商品生产中耗费的活劳动和物化劳动的货币表现。 (　　)

2. 企业所有产品均需要在月末将其生产费用的累计数在完工产品与在产品之间进行分配。 (　　)

3. 各月末在产品数量变化不大的产品,可以不计算月末在产品成本。 (　　)

4. 简化的分批法也叫做不分批计算在产品成本分批法。 (　　)

5. 作业是对成本进行分配和归集的基础,因而是作业成本法的核心。 (　　)

6. 分类法不是成本计算的基本方法,它与企业生产类型没有直接关系。 (　　)

7. 主要产品单位成本表中的一些数字,可以在全部产品生产成本表中找到。 (　　)

8. 定性预测法与定量预测法在实际应用中是相互排斥的。 (　　)

9. 直接材料标准成本根据直接材料用量标准和直接材料标准价格计算。 (　　)

10. 责任中心是为完成某种责任而设立的特定部门,其基本特征是权、责、利相结合。 (　　)

四、计算题

1. 某工业企业某月份应付职工薪酬总额为 115 000 元。其中：基本生产车间生产工人的薪酬为 84 000 元，本月生产甲、乙两种产品，甲、乙产品的生产工时分别为 45 000 小时和 30 000 小时；辅助生产车间生产工人的薪酬为 8 000 元；基本生产车间管理人员的薪酬为 8 000 元；辅助生产车间管理人员的薪酬为 2 000 元；行政管理人员的薪酬为 12 000 元；专设销售机构人员的薪酬为 5 000 元。由于该企业辅助生产规模不大因而不单独归集辅助生产的制造费用，不考虑其他因素。

要求：

（1）按生产工时比例分配基本生产车间生产工人的薪酬；

（2）编制月末分配职工薪酬费的会计分录。

2. 某企业设供电、运输两个辅助车间。本月发生的辅助生产费用及提供的劳务量如下表：

表1

辅助生产车间名称		供电车间	运输车间
待分配费用		10 800 元	6 000 元
提供劳务数量		9 000 度	12 000 千米
耗用劳务数量	供电车间		750 千米
	运输车间	1 500 度	
	基本车间产品耗用	4 000 度	
	基本车间一般性耗用	3 000 度	11 000 千米
	行政管理部门	500 度	250 千米

不考虑其他因素。

要求：

（1）用交互分配法分配辅助车间的费用，要求列出分配率计算过程并将分配结果填入分配表中；

（2）编制相应的会计分录。

| 表2 | 辅助生产费用分配表（交互分配法） | | | | | | | | 金额单位：元 |

项　目	交互分配				对外分配				金额合计
	供电车间		运输车间		供电车间		运输车间		
	数量	金额	数量	金额	数量	金额	数量	金额	
待分配费用									
劳务供应量									
费用分配率									
受益对象									
供电车间									
运输车间									
基本车间 产品生产									
基本车间 一般耗用									
行政管理部门									
合计									

3. 已知：M 企业尚有一定闲置设备台时，拟用于开发一种新产品，现有 A、B 两个品种可供选择。A 品种的单价为 110 元/件，单位变动成本为 60 元/件，单位产品台时消耗定额为 2 小时/件，此外，还需消耗甲材料，其单耗定额为 5 千克/件；B 品种的单价为 120 元/个，单位变动成本为 40 元/个，单位产品台时消耗定额为 8 小时/个，甲材料的单耗定额为 2 千克/个。假定甲材料的供应不成问题，不考虑其他因素。

要求：用单位资源贡献边际分析法做出开发那种品种的决策，并说明理由。

4. 某企业生产产品需要两种材料，有关资料如下：

表3

材料名称	甲材料	乙材料
实际用量	3 000 千克	2 000 千克
标准用量	3 200 千克	1 800 千克
实际价格	5 元/千克	10 元/千克
标准价格	4.5 元/千克	11 元/千克

要求：不考虑其他因素，分别计算两种材料的成本差因，分析差异产生的原因。

五、综合题

某企业生产乙产品需经过第一车间、第二车间连续加工完成，第一车间完工的乙半成品直接转到第二车间加工。两个车间月末在产品均按定额成本计算。有关成本资料见所附产品成本计算单，不考虑其他因素。

要求：

（1）采用逐步综合结转分步法计算产成品成本（结果直接填入所附产品成本计算单）；

（2）进行成本还原（填入所附产品成本还原表，还原率保留小数点后3位）。

表4   第一车间产品成本计算单

产品品种：乙半成品   单位：元

项目	直接材料	直接人工	制造费用	合计
期初在产品（定额成本）	12 000	4 000	5 000	21 000
本月发生费用	60 000	20 000	15 000	95 000
生产费用合计				
完工产品成本				
期末在产品（定额成本）	8 000	2 500	4 500	15 000

表5   **第二车间产品成本计算单**

产品品种：乙半成品   单位：元

项目	直接材料	直接人工	制造费用	合计
期初在产品（定额成本）	20 000	10 000	6 000	36 000
本月发生费用		15 000	20 000	
生产费用合计				
完工产品成本				
期末在产品（定额成本）	10 000	4 000	3 000	17 000

表6   **成本还原计算表**   单位：元

项目	还原率	自制半成品	直接材料	直接人工	制造费用	合计
还原前产成品成本						
本月所产半成品成本						
半成品成本还原						
还原后产成品成本						

还原分配率 =

答案

一、单项选择题

题号	1	2	3	4	5	6	7	8	9	10
答案	D	D	D	B	C	D	A	C	B	C

二、多项选择题

题 号	1	2	3	4	5
答 案	CD	ABCD	AC	ABC	ABCD
题 号	6	7	8	9	10
答 案	ABC	ABCD	ABC	ACD	ABCD

三、判断题

题号	1	2	3	4	5	6	7	8	9	10
答案	√	×	×	√	√	√	√	×	√	√

四、计算题

1.（1）直接人工费用分配率

$= 84\ 000 \div (45\ 000 + 30\ 000)$

$= 1.12$

甲产品应负担的直接人工费用 $= 45\ 000 \times 1.12$

$= 50\ 400$（元）

乙产品应负担的直接人工费用 $= 3\ 000 \times 1.12$

$= 33\ 600$（元）

（2）借：生产成本——基本生产成本——甲产品

50 400

——乙产品

33 600

生产成本——辅助生产成本　　10 000

制造费用——基本车间　　　　8 000

管理费用　　　　　　　　　　12 000

销售费用　　　　　　　　　　5 000

贷：应付职工薪酬——工资　　119 000

2. 解答：（1）填表：

表7　　　　辅助生产费用分配表（交互分配法）　　金额单位：元

项　目	交互分配				对外分配				金额合计
	供电车间		运输车间		供电车间		运输车间		
	数量	金额	数量	金额	数量	金额	数量	金额	
待分配费用		10 800		6 000		9 375		7 425	16 800
劳务供应量	9 000		12 000		7 500		11 250		

204

表7（续）

项　目		交互分配			对外分配				金额合计
		供电车间		运输车间		供电车间		运输车间	
		数量	金额	数量	金额	数量	金额	数量	金额	
分配率			1.2		0.5		1.25		0.66	
受益对象										
供电车间				750	375					375
运输车间		1 500	1 800							1 800
基本车间	产品生产						4 000	5 000		5 000
	一般耗用						3 000	3 750	11 000	7 260	11 010
行政部门							500	625	250	165	790
合计			1 800		375		9 375		7 425	18 975

供电车间交互分配率＝10 800÷9 000＝1.2

运输车间交互分配率＝6 000÷12 000＝0.5

供电车间对外分配率＝（10 800+375-1 800）÷7 500

＝1.25

运输车间对外分配率＝（6 000+1 800-375）÷11 250

＝0.66

会计分录：

（1）

借：生产成本——辅助生产成本——供电车间　　375

　　　　　　　　　　　　　　——运输车间　1 800

　贷：生产成本——辅助生产成本——供电车间　1 800

　　　　　　　　　　　　　　——运输车间　　375

（2）

借：生产成本——基本生产成本　　　　　　　5 000

　　制造费用——基本车间　　　　　　　　　11 010

　　管理费用　　　　　　　　　　　　　　　　790

　贷：生产成本——辅助生产成本——供电车间　9 375

　　　　　　　　　　　　　　——运输车间　7 425

3. 解：开发 A 品种时可获得的单位资源贡献边际

$$= （110-60）／2=25（元／小时）$$

开发 B 品种时可获得的单位资源贡献边际

$$= （120-40）／8=10（元／小时）$$

因为 25>10，所以开发 A 品种比开发 B 品种更有利。

决策结论：应当开发 A 品种。

4. 解：

（1）甲材料成本差异 $= 3\,000 × 5-3\,200 × 4.5$

$$= 600（元）$$

产生原因：甲材料用量差异 $= （3\,000-3\,200）× 4.5$

$$= -900（元）$$

甲材料价格差异 $= 3\,000×（5-4.5）$

$$= 1\,500（元）$$

（2）乙材料成本差异 $= 2\,000×10-1\,800×11$

$$= 200（元）$$

产生原因：乙材料用量差异 $= （2\,000-1\,800）×11$

$$= 2\,200（元）$$

乙材料价格差异 $= 2\,000×（10-11）= -2\,000（元）$

五、综合题

解：

表8　　　　　　　第一车间产品成本计算单

产品品种：乙半成品　　　　　　　　　　　　　　　单位：元

项目	直接材料	直接人工	制造费用	合计
期初在产品（定额成本）	12 000	4 000	5 000	21 000
本月发生费用	60 000	20 000	15 000	95 000
生产费用合计	72 000	24 000	20 000	116 000
完工产品成本	64 000	21 500	15 500	101 000
期末在产品（定额成本）	8 000	2 500	4 500	15 000

表9   **二车间产品成本计算单**

产品品种：乙半成品   单位：元

项目	直接材料	直接人工	制造费用	合计
期初在产品（定额成本）	20 000	10 000	6 000	36 000
本月发生费用	101 000	15 000	20 000	136 000
生产费用合计	121 000	25 000	26 000	172 000
完工产品成本	111 000	21 000	23 000	155 000
期末在产品（定额成本）	10 000	4 000	3 000	17 000

表10   **成本还原计算表**

单位：元

项目	自制半成品	直接材料	直接人工	制造费用	合计
还原前产成品成本	111 000		21 000	23 000	155 000
本月所产半成品成本		64 000	21 500	15 500	101 000
半成品成本还原	−111 000	70 336	23 629	17 035	0
还原后产成品成本		70 336	44 629	40 035	155 000

还原分配率＝111 000÷101 000＝1.099

综合训练题二

试题

一、单项选择题

1. 下列各项中，属于成本管理会计的最基本的职能是（　　）

    A. 成本策划　　　　　　B. 成本核算

    C. 成本控制　　　　　　D. 业绩评价

2. 下列各项中，适合采用不计算在产品成本法在完工产品和在产品之间分配费用的情况是（　　　）。

    A. 各月末在产品数量变化大

    B. 各月末在产品数量较多

    C. 各月末在产品数量很少

    D. 各月末在产品数量变化小

3. 下列各项中，不能作为两种或两种以上产品"共耗材料"分配依据的是（　　　）。

    A. 产品重量　　　　　　B. 产品体积

    C. 直接薪酬　　　　　　D. 产品性能

4. 下列各项中，属于分类法成本计算对象的是（　　　）。

    A. 产品品种　　　　　　B. 产品类别

C. 产品批次　　　　　　　　D. 产品生产步骤

5. 下列各项中，属于直接人工成本项目归属的作业类别是（　　）。

　　A. 单位作业　　　　　　　　B. 批别作业

　　C. 产品作业　　　　　　　　D. 过程作业

6. 下列各项中，关于采用分类法目的的表述，正确的是（　　）。

　　A. 分类计算产品成本

　　B. 准确计算各种产品的成本

　　C. 简化各种产品的成本计算工作

　　D. 简化各类产品的成本计算工作

7. 下列各项中，不属于成本报表的是（　　）。

　　A. 现金流量表　　　　　　　B. 制造费用明细表

　　C. 全部产品生产成本表　　　D. 主要产品单位成本表

8. 下列各项中，属于定量预测法的是（　　）。

　　A. 调查研究判断法　　　　　B. 回归预测法

　　C. 主观概率法　　　　　　　D. 类推法

9. 下列各项中，属于实务中确定"例外"的标准通常考虑的标志是（　　）。

　　A. 一致性　　　　　　　　　B. 异常性

　　C. 独立性　　　　　　　　　D. 特殊性

10. 下列各项中，属于实物指标的是（　　）。

　　A. 生产费用　　　　　　　　B. 产品成本

　　C. 办公费　　　　　　　　　D. 材料消耗数量

二、多项选择题

1. 下列各项中，属于成本的经济实质有（　　）。

　　A. 已耗费生产资料的转移价值

　　B. 劳动者为自己劳动创造的价值

　　C. 劳动者为社会劳动创造的价值

　　D. 企业在生产过程中耗费的资金总和

2. 根据工资结算汇总表和直接人工费用分配表进行分配结转工资费用的账务处理时，会计分录中对应的下列借方科目有（　　）。

    A. 生产成本　　　　　　　B. 制造费用

    C. 财务费用　　　　　　　D. 管理费用

3. 下列各项中，考虑了辅助生产单位之间交互分配费用的方法有（　　）。

    A. 交互分配法　　　　　　B. 代数分配法

    C. 直接分配法　　　　　　D. 计划成本分配法

4. 下列各项中，属于广义在产品的有（　　）。

    A. 生产单位正在加工中的在制品

    B. 加工已告一段落的自制半成品

    C. 存放在半成品库里的自制半成品

    D. 已完成销售的自制半成品

5. 下列各项中，属于企业业务层次和范围的作业类别有（　　）。

    A. 单位水平作业　　　　　B. 批别水平作业

    C. 产品水平作业　　　　　D. 支持水平作业

6. 下列产品中可以作为同一个成本核算对象的有（　　）。

    A. 灯泡厂同一类别不同瓦数的灯泡

    B. 炼油厂同时生产出的汽油、柴油、煤油

    C. 机床厂各车间同时生产的车床、刨床、铣床

    D. 无线电元件厂同一类别不同规格的无线电元件

7. 下列各项中，属于主要产品单位成本表反映的单位成本的项目有（　　）。

    A. 本月实际　　　　　　　B. 历史先进水平

    C. 本年计划　　　　　　　D. 同行业同类产品实际

8. 下列关于边际贡献总额的计算公式中，正确的有（　　）。

    A. 边际贡献＝固定成本＋利润

    B. 边际贡献＝销售收入－固定成本

  C. 边际贡献＝销售收入－变动成本

  D. 边际贡献＝（销售价格－单位变动成本）×销售数量

9. 下列各项中，属于产品标准成本构成的有（　　　　）。

  A. 直接材料标准成本　　B. 直接人工标准成本

  C. 变动制造费用标准成本　D. 固定制造费用标准成本

10. 下列各项中，属于产品成本审计的有（　　　　）。

  A. 期间费用审计　　　　　　B. 直接材料审计

  C. 直接人工审计　　　　　　D. 制造费用审计

三、判断题

  1. 会计学的成本概念更强调成本的计量属性，必须是可计量和可用货币表示的。　　　　　　　　　　　　　　（　　　）

  2. 采用月末在产品按定额成本计价法时，月末在产品定额成本与其实际成本的差异，由完工产品成本承担。　（　　　）

  3. 在生产车间只生产一种产品的情况下，所有的生产费用均为直接计入费用。　　　　　　　　　　　　　　（　　　）

  4. 综合结转分步法能够提供各个生产步骤的半成品成本资料，而分项结转分步法则不能提供半成品成本资料。　（　　　）

  5. 产品水平作业成本，与数量和批量成正比例变动，与生产产品的品种数成反比例变动。　　　　　　　　　（　　　）

  6. 分类法应以各种产品品种作为成本核算对象。　（　　　）

  7. 成本报表一般只向企业经营管理者提供信息。　（　　　）

  8. 成本性态是指产量变动与其相应的成本变动之间的内在联系。　　　　　　　　　　　　　　　　　　　　（　　　）

  9. 作为计算直接人工标准成本的效率标准，必须是直接人工薪酬率。　　　　　　　　　　　　　　　　　（　　　）

  10. 责任成本与产品成本是两个完全相同的概念（　　　）

四、计算题

  1. 某企业生产 A、B 两种产品，本月产量分别为 150 台和 280 台；本月两种产品共同耗用的材料 2 088 千克，单价 22 元，

211

共计 45 936 元。A 产品的材料消耗定额为 6 千克，B 产品的材料消耗定额为 3 千克，不考虑其他因素。

要求：分别按定额消耗量比例法和定额费用比例法分配材料费用。

2. 某产品经两道工序完工，其月初在产品与本月发生的直接人工之和为 255 000 元，该月完工产品 600 件。该产品的工时定额为：第一工序 30 小时，第二工序 20 小时。月末在产品数量分别为：第一工序 300 件，第二工序 200 件。各工序在产品在本工序的完工程度均按 50% 计算，不考虑其他因素。

要求：

（1）计算该产品月末在产品的约当产量；

（2）按约当产量比例分配计算完工产品和月末在产品的直接人工。

3. 已知：N 生产企业每年生产 1 000 件甲半成品。其单位完全生产成本为 18 元（其中单位固定性制造费用为 2 元），直接出售的价格为 20 元。企业目前已具备将 80% 的甲半成品深加工为乙产成品的能力，但每深加工一件甲半成品需要追加 5 元变动性加工成本。乙产成品的单价为 30 元。假定乙产成品的废品率为 1%，不考虑其他因素。

要求：请考虑以下不相关的情况，用差别损益分析法为企业做出是否深加工甲半成品的决策，并说明理由。

（1）深加工能力无法转移；

（2）深加工能力可用于承揽零星加工业务，预计可获得贡献边际 4 000 元；

（3）深加工能力无法转移，如果追加投入 5 000 元专属成本，可使深加工能力达到 100%，并使废品率降低为零。

4. 某企业生存 A、B、C 三种产品，每种产品需经过甲、乙、丙三个生产部门加工，2005 年 7 月份发生直接材料费 253 000 元、直接人工费 86 000 元、制造费用 125 000 元。根据有关原始凭证和费用分配表，计算各责任中心和各产品本月成本（见表1）。

表1   单位：元

成本项目	合计	责任成本			产品成本		
		甲	乙	丙	A	B	C
直接材料	253 000	131 000	75 000	47 000	68 000	94 000	91 000
直接人工	86 000	35 000	20 000	31 000	23 000	18 000	45 000
制造费用	125 000	59 000	36 000	30 000	42 000	51 000	32 000
总成本	464 000	225 000	131 000	108 000	133 000	163 000	168 000

如果甲、乙、丙三个责任中心的责任成本预算分别为 210 000 元、140 000 元和 100 000 元，不考虑其他因素。

要求：计算三个责任中心的目标成本节约额和节约率（预算完成率）。

五、综合题

某企业生产 B 产品，经过二个生产步骤连续加工。第一步骤生产的 A 半成品直接交给第二步骤加工，第二步骤生产出产成品 B。第一、二步骤月末在产品数量分别为 20 件、40 件，原材料生产开始时一次投入，加工费用在本步骤的完工程度按 50% 计算，各步骤的生产费用合计采用约当产量法进行分配。有关资料见所附"产品成本计算单"，不考虑其他因素。

要求：采用逐步分项结转分步法计算产品成本，并填列各步骤产品成本计算单。

表2   产品成本计算单

第一步骤：A 半成品   完工量：80 件

项　　目	直接材料	直接人工	制造费用	合计
月初在产品成本	27 000	4 800	6 000	37 800
本月发生生产费用	64 800	15 000	17 400	97 200
合计				
完工产品数量	80	80	80	
在产品约当产量				

项　目	直接材料	直接人工	制造费用	合计
总约当产量				
分配率				
完工 A 半成品成本				
月末在产品成本				

（1）直接材料费用分配率＝

（2）直接人工分配率＝

（3）制造费用分配率＝

表3　　　　　　　　　　　**产品成本计算单**

第二步骤：B 产品　　　　　　　　　　　　　　　　完工量：70 件

项　目	直接材料	直接人工		制造费用		合计
		上一步转入	本步发生	上一步转入	本步发生	
月初在产品成本	23 360	2 970	2 700	2 850	3 990	35 870
本月发生费用			18 000		18 150	36 150
本月转入的半成品成本						
合计						
完工产品数量	70	70	70	70	70	
在产品约当产量						
总约当产量						
分配率						
完工 B 产品成本						
月末在产品成本						

（1）直接材料分配率＝

（2）直接人工分配率

①上一步转入＝

②本步发生＝

（3）制造费用分配率

①上一步转入 = ˙

②本步发生 =

答案

一、单项选择题

题号	1	2	3	4	5	6	7	8	9	10
答案	B	C	D	B	A	C	A	B	D	D

二、多项选择题

题 号	1	2	3	4	5
答 案	AB	ABD	ABD	ABC	ABCD
题 号	6	7	8	9	10
答 案	ABD	ABC	ACD	ABCD	BCD

三、判断题

题号	1	2	3	4	5	6	7	8	9	10
答案	√	√	√	×	×	×	√	√	×	×

四、计算题

1. 解：（1）原材料费用分配率 = 45 936÷（150×6+280×3）

$$= 45\ 936÷1\ 740 = 26.4$$

A 产品应负担的原材料费用 = 150×6×26.4 = 23 760（元）

B 产品应负担的原材料费用 = 280×3×26.4 = 22 176（元）

（2）原材料费用分配率 = 45 936÷（150×6×22+280×3×22）

$$= 1.2$$

A 产品应负担的原材料费用 = 150×6×22×1.2 = 23 760（元）

B 产品应负担的原材料费用 = 280×3×22×1.2 = 22 176（元）

2. 解：（1）第一工序（全过程）完工程度

$$= 30×0.5÷50$$

$$= 30\%$$

第二工序完工程度 =（30+20×0.5）÷50 = 80%

月末在产品约当产量 = 300×30%+200×80%

$$= 90+160 = 250（件）$$

（2）分配率 = 255 000÷（600+250）= 300（元/件）

完工产品负担的直接人工 = 300×600 = 180 000（元）

月末在产品负担的直接人工 = 255 000−180 000

$$= 75 000（元）$$

3. 解：（1）差别损益分析表

表4

	将80%的甲半成品深加工为乙产成品	直接出售80%的甲半成品	差异额
相关收入	30×800×99% = 23 760	20×800 = 16 000	+7 760
相关成本合计	4 000	0	+4 000
其中：加工成本	5×800 = 4 000	0	
差别损益			+3 760

决策结论：应当将80%的甲半成品深加工为乙产成品，这样可以使企业多获得3 760元的利润。

（2）差别损益分析表

表5

	将80%的甲半成品深加工为乙产成品	直接出售80%的甲半成品	差异额
相关收入	30×800×99% = 23 760	20×800 = 16 000	+7 760
相关成本合计	8 000	0	+8 000
其中：加工成本	5×800 = 4 000	0	
机会成本	4 000	0	
差别损益			−240

决策结论：不应当将 80% 的甲半成品深加工为乙产成品，否则将使企业多损失 240 元的利润。

（3）差别损益分析表

表6

	将全部甲半成品深加工为乙产成品	直接出售甲半成品	差异额
相关收入	30×1 000＝30 000	20×1 000＝20 000	＋10 000
相关成本合计	10 000	0	＋10 000
其中：加工成本	5×1 000＝5 000	0	
专属成本	5 000	0	
差别损益			0

决策结论：两方案任选其一。

4. 解：

（1）甲责任中心目标成本节约额＝210 000−225 000

$$＝−15 000（元）$$

甲责任中心目标成本节约率＝225 000÷210 000＝107.14%

（2）乙责任中心目标成本节约额＝140 000−131 000

$$＝6 900（元）$$

乙责任中心目标成本节约率＝131 000÷140 000＝93.57%

（3）丙责任中心目标成本节约额＝100 000−108 000

$$＝−8 000（元）$$

丙责任中心目标成本节约率＝108 000÷100 000＝108%

五、综合题

解答：

表7　　　　　　　　　　产品成本计算单

第一车间：A 半成品　　　　　　　　　　　　完工量：80件

项目	直接材料	直接人工	制造费用	合计
本月在产品成本	27 000	4 800	6 000	37 800

表7(续)

项目	直接材料	直接人工	制造费用	合计
本月发生生产费用	64 800	15 000	17 400	97 200
合计	91 800	19 800	23 400	135 000
完工产品数量	80	80	80	
在产品约当产量	20	10	10	
总约当产量	100	90	90	
分配率	918	220	260	1 398
完工 A 半成品成本	73 440	17 600	20 800	111 840
月末在产品成本	18 360	2 200	2 600	23 160

（3）直接材料分配率 = 91 800÷100 = 918

（4）直接人工分配率 = 19 800÷90 = 220

（3）制造费用分配率 = 23 400÷90 = 260

表 8　　　　　产品成本计算单

第二车间：B 产品　　　　　　　　　　　　　完工量：70 件

项　　目	直接材料	直接人工		制造费用		合计
		上一步转入	本步发生	上一步转入	本步发生	
月初在产品成本	23 360	2 970	2 700	2 850	3 990	35 870
本月发生费用			18 000		18 150	36 150
本月转入的半成品成本	73 440	17 600		20 800		111 840
合计	96 800	20 570	20 700	23 650	22 140	183 860
完工产品数量	70	70	70	70	70	
在产品约当产量	40	40	20	40	20	
总约当产量	110	110	90	110	90	
分配率	880	187	230	215	246	1 758
完工 B 产品成本	61 600	13 090	16 100	15 050	17 220	123 060
月末在产品成本	35 200	7 480	4 600	8 600	4 920	60 800

（1）直接材料分配率＝96 800÷110＝880

（2）直接人工分配率

①上一步转入＝20 570÷110＝187

②本步发生＝20 700÷90＝230

（3）制造费用分配率

①上一步转入＝23 650÷110＝215

②本步发生＝22 140÷90＝246

综合训练题三

试题

一、单项选择题

1. 下列各项中，属于马克思的价值学说计算的成本是（　　）

    A. C+M
               B. V+M

    C. C+V
               D. C+V+M

2. 下列各项中，在完工产品和在产品之间分配费用，适合采用在产品成本按年初固定数确定的方法的是（　　）。

    A. 各月末在产品数量较少

    B. 各月末在产品数量较大

    C. 没有在产品

    D. 各月末在产品数量变化小

3. 下列各项中，属于不考虑辅助生产车间之间相互提供产品和劳务的辅助生产费用分配方法的是（　　）。

    A. 代数分配法
               B. 直接分配法

    C. 交互分配法
              D. 按计划成本分配法

4. 下列成本计算方法中，必须设置基本生产成本二级账的是（　　）。

A. 分批法   B. 品种法

C. 分步法   D. 简化分批法

5. 下列各项中，不适用于作业成本法的企业是（　　）。

A. 产品结构复杂   B. 间接费用比重小

C. 间接费用比重大   D. 生产经营活动种类繁多

6. 下列各项中，在变动成本法下不应计入产品成本的是（　　）。

A. 直接材料   B. 直接人工

C. 固定制造费用   D. 变动制造费用

7. 下列各项中，关于企业成本报表的种类、项目、格式和编制方法的表述，正确的是（　　）。

A. 由国家统一规定

B. 由企业自行制定

C. 由企业主管部门统一规定

D. 由企业主管部门与企业共同制定

8. 已知某产品的单位变动成本为 10 元，固定成本为 15 000 元，销售量为 5 000 件，目标利润为 5 000 元，则实现目标利润的单价为（　　）元。

A. 6   B. 11

C. 13   D. 14

9. 在成本差异分析时，下列各项中，属于变动制造费用的效率差异类似的差异是（　　）。

A. 直接人工效率差异   B. 直接材料用量差异

C. 直接材料价格差异   D. 直接材料成本差异

10. 下列各项中，不属于责任成本基本特征的是（　　）。

A. 可以预计   B. 可以计量

C. 可以控制   D. 可以对外报告

二、多项选择题

1. 下列各项中，属于成本主要作用的是（　　）。

A. 补偿生产耗费的尺度

B. 综合反映企业工作质量的重要指标

C. 企业对外报告的主要内容

D. 制定产品价格的重要因素和进行生产经营决策的重要依据

2. 下列各项中，属于制造费用的项目有（　　　　）。

A. 生产单位管理人员的工资及提取的其他职工薪酬

B. 生产单位固定资产的折旧费

C. 生产单位固定资产的修理费

D. 企业行政管理部门固定资产的折旧费

3. 下列各项中，属于采用定额比例法分配完工产品和在产品费用应具备的条件有（　　　　）。

A. 消耗定额比较准确

B. 消耗定额比较稳定

C. 各月末在产品数量变化不大

D. 各月末在产品数量变化较大

4. 下列各项中，属于简化分批法的特点有（　　　　）。

A. 必须按生产单位设置基本生产成本二级账

B. 未完工产品不分配结转间接计入费用

C. 通过计算累计间接计入费用分配率分配完工产品应负担的间接计入费用

D. 期末在产品不负担间接计入费用

5. 下列各项中，属于成本动因的特征有（　　　　）。

A. 隐蔽性　　　　　　　　B. 相关性

C. 适用性　　　　　　　　D. 可计量性

6. 下列各项中，属于确定类内不同规格、型号产品系数的依据有（　　　　）。

A. 产品售价　　　　　　　B. 产品定额费用

C. 产品定额耗用量　　　　D. 产品体积、面积等

7. 生产多品种情况下，下列各项中，影响可比产品成本降低额变动的因素有（　　　　）。

A. 产品产量　　　　　　　B. 产品单位成本

C. 产品价格　　　　　　D. 产品品种结构

8. 某企业生产一种产品，单价 8 元，单位变动成本 6 元，固定成本 2 000 元，预计产销量为 2 000 件。若想实现利润 3 000 元，可以采取的措施有（　　　　）。

　　A. 固定成本降低 1 000 元

　　B. 单价提高到 8.5 元

　　C. 单位变动成本降低到 8.5 元

　　D. 销量提高到 2 500 件

9. 下列各项中，属于材料价格差异产生的原因有（　　　　）。

　　A. 材料质量的变化

　　B. 采购费用的变动

　　C. 材料加工中的损耗的变动

　　D. 市场供求关系变化而引起的价格变动

10. 下列各项中，属于综合指标的有（　　　　）。

　　A. 全部生产费用　　　　B. 全部产品总成本

　　C. 可比产品成本降低率　D. 甲产品单位成本

三、判断题

1. 基本费用成本是指由生产经营活动自身引起的各项费用汇集而成的成本费用项目。　　　　　　　　　　　　（　　）

2. 采用计划成本分配法，辅助生产的成本差异应该全部计入管理费用。　　　　　　　　　　　　　　　　　　（　　）

3. 辅助生产的制造费用可以先通过"制造费用"科目归集，然后转入"生产成本——辅助生产成本"科目；也可以直接记入"生产成本——辅助生产成本"科目。　　（　　）

4. 在平行结转分步法下，其纵向费用的分配具体是指在最终产成品与广义在产品之间进行的费用分配。　　（　　）

5. 资源动因是作业消耗资源的方式和原因，是资源成本分配到作业和作业中心的标准和依据。　　　　　　（　　）

6. 用分类法计算出的类内各种产品的成本具有一定的假定性。

（　　）

7. 编制成本报表时，会计处理方法应当前后各期保持一致。

（　　）

8. 单位产品固定成本随着产量的增加而相应地减少。

（　　）

9. 变动制造费用耗费差异，是实际变动制造费用支出与按标准工时和变动费用标准分配率计算确定的金额之间的差额。

（　　）

10. 若不形成收入或者不对实现收入负责，而只对成本或费用负责，则称这类责任中心为成本中心。（　　）

四、计算题

1. 某企业设供电、运输两个辅助车间。本月发生的辅助生产费用及提供的劳务量如下表：

表1

辅助生产车间名称		供电车间	运输车间
待分配费用		35 000 元	51 500 元
提供劳务数量		10 000 度	10 000 千米
耗用劳务数量	供电车间		1 000 千米
	运输车间	2 000 度	
	基本生产车间：产品生产耗用一般耗用	3 000 度 2 000 度	6 000 千米
	行政管理部门	3 000 度	3 000 千米

计划单位成本：供电车间 4 元/度，运输车间 6 元/千米，不考虑其他因素。

要求：

（1）用计划成本分配法分配辅助生产费用，要求列出成本差异的计算过程并将分配结果填入分配表中；

（2）编制相应的会计分录。

表2　　　　辅助生产费用分配表（计划成本分配法）　　　单位：元

项　目	分配电费		分配运输费		成本差异		合计
	数量	金额	数量	金额	供电	运输	
待分配费用							
劳务供应总量							
计划单位成本							
受益对象：							
1. 供电车间							
2. 运输车间							
3. 基本车间产品 　　生产耗用							
4. 基本车间一般耗用							
5. 行政管理部门							
合　计							

2. 某企业 A 产品的原材料在生产开始时一次投入，产品成本中原材料费用所占比重很大，月末在产品按所耗原材料费用计价。该种产品月初在产品直接材料费用 6 000 元，本月直接材料费用 25 000 元，直接人工费用 4 500 元，制造费用 1 000 元。本月完工产品 700 件，月末在产品 300 件，不考虑其他因素。

要求：

（1）按在产品所耗原材料费用计价法分配计算 A 产品完工产品和月末在产品成本；

（2）编制完工产品入库的会计分录。

3. 已知：某企业每年需用 A 零件 2 000 件，原由金工车间组织生产，年总成本为 19 000 元，其中，固定生产成本为 7 000 元。如果改从市场上采购，单价为 8 元，同时将剩余生产能力用于加工 B 零件，可以节约外购成本 2 000 元，不考虑其他因素。

要求：为企业做出自制或外购 A 零件的决策，并说明理由。

4. 设某公司采用零基预算法编制下年度的销售及管理费用预算。该企业预算期间需要开支的销售及管理费用项目及数额如下：

表3

项　　目	金额（元）
产品包装费	12 000
广告宣传费	8 000
管理推销人员培训费	7 000
差旅费	2 000
办公费	3 000
合　计	32 000

经公司预算委员会审核后，认为上述五项费用中产品包装费、差旅费和办公费属于必不可少的开支项目，保证全额开支。其余两项开支根据公司有关历史资料进行"成本——效益分析"其结果为：广告宣传费的成本与效益之比为 1：15；管理推销人员培训费的成本与效益之比为 1：25。

假定该公司在预算期上述销售及管理费用的总预算额为 29 000 元，不考虑其他因素，要求编制销售以及管理费用的零基预算。

五、综合题

某企业大量大批生产 A 产品，该产品顺序经过两个生产步骤连续加工完成，第一步完工半成品直接投入第二步加工，不通过自制半成品库收发。各步骤月末在产品与完工产品之间的费用分配采用约当产量法。原材料于生产开始时一次投入，各步骤在产品在本步骤的完工程度为 50%，不考虑其他因素。

月初无在产品成本，本月有关生产费用见各步骤成本计算单。各步骤完工产品及月末在产品情况如下：

表4

项目	第一步	第二步
完工产品数量	400（半成品）	300（产成品）
月末在产品数量	200	100

要求：

（1）分别采用逐步综合结转和分项结转分步法计算产品成本，并填列各步骤产品成本计算单；

（2）对逐步综合结转下计算出的产成品成本进行成本还原。

表5 　　　　　　　产品成本计算单

生产步骤：第一步骤　　　　　　产品名称：×半成品

项　目	直接材料	直接人工	制造费用	合计
本月发生生产费用	60 000	10 000	20 000	90 000
合计				
在产品约当产量				
总约当产量				
分配率（单位半成品成本）				
完工半成品成本				
月末在产品成本				

表6 　　　　　　产品成本计算单（综合结转）

生产步骤：第二步骤　　　　　　产品名称：A产品

项目	半成品成本	直接人工	制造费用	合计
本月发生生产费用		3 500	10 500	
合计				
在产品约当产量				
总约当产量				
分配率（单位产成品成本）				
完工产成品成本				
月末在产品成本				

表 7　　　　　　　　　**产品成本计算单（分项结转）**

生产步骤：第二步骤　　　　　　　　产品名称：A 产品

项　目	直接材料	直接人工		制造费用		合计
		转入半成品	本步骤发生	转入半成品	本步骤发生	
本步骤发生			3 500		10 500	14 000
转入的半成品成本						
合计						
在产品约当产量						
总约当产量						
分配率（单位产成品成本）						
完工产成品成本（300 件）						
月末在产品成本（100 件）						

表 8　　　　　　　　　**产成品成本还原计算表**

项　目	半成品成本	直接材料	直接人工	制造费用	合计
还原前产成品成本					
第一步骤本月所产半成品成本					
产成品所耗半成品成本还原					
还原后产成品成本					

还原分配率＝

答案

一、单项选择题

题号	1	2	3	4	5	6	7	8	9	10
答案	C	D	B	D	B	C	B	D	A	D

二、多项选择题

题　号	1	2	3	4	5
答　案	ACD	AB	ABD	ABC	ABCD
题　号	6	7	8	9	10
答　案	ABCD	ABD	ABCD	ABD	ABC

三、判断题

题号	1	2	3	4	5	6	7	8	9	10
答案	√	√	√	√	√	√	√	×	×	√

四、计算题

1. 解：

表9　　　　辅助生产费用分配表（计划成本分配法）　　　单位：元

项　　　目	分配电费		分配运输费		成本差异		合　计
	数量	金额	数量	金额	供电	运输	
待分配费用		35 000		51 500			86 500
劳务供应总量	10 000		10 000				
计划单位成本		4		6			

项　目	分配电费		分配运输费		成本差异		合　计
	数量	金额	数量	金额	供电	运输	
受益对象：							
1. 供电车间			1 000	6 000			6 000
2. 运输部门	2 000	8 000					8 000
3. 基本车间产品生产耗用	3 000	12 000					12 000
4. 基本车间一般耗用	2 000	8 000	6 000	36 000			44 000
5. 行政管理部门	3 000	12 000	3 000	18 000	1 000	−500	30 500
合　计		40 000		60 000	1 000	−500	100 500

（1）成本差异：

供电车间的成本＝35 000＋6 000−40 000＝1 000（元）

运输车间的成本＝51 500＋8 000−60 000＝−500（元）

（2）分配费用及调整差异分录：（元）

借：生产成本——辅助生产成本（供电车间）　　6 000

　　　　　——辅助生产成本（运输车间）　　8 000

　　　　　——基本生产成本　　12 000

　　制造费用——基本生产车间　　44 000

　　管理费用　　30 000

　　贷：生产成本——辅助生产成本（供电车间）　40 000

　　　　　　　——辅助生产成本（运输车间）　60 000

借：管理费用　　500

　　贷：生产成本——辅助生产成本（供电车间）　1 000

　　　　　　　——辅助生产成本（运输车间）　500

2. 解：（1）直接材料费用分配率

　　　　　＝（6 000＋25 000）÷（700＋300）＝31

完工产品直接材料费用＝700×31＝21 700（元）

月末在产品直接材料费用（成本）＝300×31＝9 300（元）

完工产品成本 = 21 700+4 500+1 000 = 27 200（元）

（2）编制完工产品入库的会计分录。

借：库存商品——A产品　　　　　　　　　　27 200
　　贷：生产成本——基本生产成本——A产品　　27 200

3. 解：

表 10　　　　　　　相关成本分析表

项目	自制A零件	外购A零件
变动成本	19 000−7 000 = 12 000	8×2 000 = 16 000
机会成本	2 000	0
相关成本合计	14 000	16 000

决策结论：应当安排自制A零件，这样可以使企业节约 2 000 元（16 000−14 000）成本。

4. 解：产品包装费、差旅费和办公费

　　　= 12 000+2 000+3 000

　　　= 17 000（元）

广告和推销费用 = 29 000−17 000 = 12 000（元）

广告和推销费用的分配率 = 12 000÷（15+25）= 300

广告费 = 300×15 = 4 500（元）

推销费 = 300×25 = 7 500（元）

五、综合题

解：

表 11　　　　　　　产品成本计算单

生产步骤：第一步骤　　　　　　　产品名称：X 半成品

项目	直接材料	直接人工	制造费用	合计
本月发生生产费用	60 000	10 000	20 000	90 000
合计	60 000	10 000	20 000	90 000
在产品约当产量	200	100	100	
总约当产量	600	500	500	

项目	直接材料	直接人工	制造费用	合计
分配率（单位半成品成本）	60 000÷600 =100	10 000÷500 =20	20 000÷500 =40	160
完工半成品成本	40 000	8 000	16 000	64 000
月末在产品成本	20 000	2 000	4 000	26 000

表12　　　　产品成本计算单（综合结转）

生产步骤：第二步骤　　　　　产品名称：A产品

项目	半成品成本	直接人工	制造费用	合计
本月发生生产费用	64 000	3 500	10 500	78 000
合计	64 000	3 500	10 500	78 000
在产品约当产量	100	50	50	
总约当产量	400	350	350	
分配率（单位产成品成本）	64 000÷400 =160	3 500÷350 =10	10 500÷350 =30	200
完工产成品成本	48 000	3 000	9 000	60 000
月末在产品成本	16 000	500	1 500	18 000

表13　　　　产品成本计算单（分项结转）

生产步骤：第二步骤　　　　　产品名称：A产品

项目	直接材料	直接人工 转入半成品	直接人工 本步骤发生	制造费用 转入半成品	制造费用 本步骤发生	合计
本步骤发生			3 500		10 500	14 000
转入的半成品成本	40 000	8 000		16 000		64 000
合计	40 000	8 000	3 500	16 000	10 500	78 000
在产品约当产量	100	100	50	100	50	
总约当产量	400	400	350	400	350	
分配率	100	20	10	40	30	
完工产成品成本	30 000	6 000	3 000	12 000	9 000	60 000
月末在产品成本	10 000	2 000	500	4 000	1 500	18 000

表 14　　　　　　　　产成品成本还原计算表

项目	半成品成本	直接材料	直接人工	制造费用	合计
还原前产成品成本	48 000		3 000	9 000	60 000
第一步骤本月所产半成品成本		40 000	8 000	16 000	64 000
产成品所耗半成品成本还原	−48 000	30 000	6 000	12 000	0
还原后产成品成本		30 000	9 000	21 000	60 000

还原分配率 = 48 000 ÷ 64 000 = 0.75

综合训练题四

试题

一、单项选择题

1. 下列各项中，属于企业进行成本管理会计工作具体直接的依据是（　　　）。
   - A. 企业会计制度
   - B. 各项具体会计准则
   - C. 企业的成本会计制度、规程或办法
   - D. 《企业财务会计通则》和《企业会计准则》

2. 下列各项中，关于采用辅助生产费用分配的交互分配法对外分配费用总额的表述，正确的是（　　　）。
   - A. 交互分配前的费用
   - B. 交互分配前的费用加上交互分配转入的费用
   - C. 交互分配前的费用减去交互分配转出的费用
   - D. 交互分配前的费用加上交互分配转入的费用、减去交互分配转出的费用

3. 在采用固定在产品成本法时，下列各项中，与1~11月各月完工产品成本相等的是（　　　）。
   - A. 年初在产品成本　　　　B. 年末在产品成本

C. 生产费用合计数　　　　D. 本月发生的生产费用

4. 下列各项中, 属于分步法下产品成本还原对象的是 (　　　)。

  A. 自制半成品成本

  B. 各步骤半成品成本

  C. 产成品成本中的 "半成品" 综合成本

  D. 在产品成本

5. 下列各项中, 属于作业成本计算最基本对象的是 (　　　)。

  A. 产品　　　　　　　　B. 资源

  C. 作业　　　　　　　　D. 生产过程

6. 某企业生产 20 件产品, 耗用直接材料 100 元, 直接人工 60 元, 变动制造费用 80 元, 固定制造费用 60 元, 则在完全成本法单位产品成本为正确的是 (　　　)。

  A. 5　　　　　　　　　B. 8

  C. 12　　　　　　　　 D. 15

7. 下列各项中, 属于成本管理中的成本分析是 (　　　)。

  A. 事前的成本分析　　 B. 事中的成本分析

  C. 事后的成本分析　　 D. 成本的总括分析

8. 某产品单位变动成本 10 元, 计划销售 1 000 件, 每件售价 15 元, 欲实现利润 800 元, 固定成本应控制的水平是 (　　　) 元。

  A. 5 000　　　　　　　B. 4 800

  C. 5 800　　　　　　　D. 4 200

9. 下列各项中, 能够克服固定预算的缺陷的预算方法是 (　　　)。

  A. 定期预算　　　　　 B. 滚动预算

  C. 弹性预算　　　　　 D. 增量预算

10. 下列各项中, 属于企业在利用激励性指标对责任中心进行定额控制时所选择的控制标准是 (　　　)。

  A. 最高控制标准　　　 B. 最低控制标准

C. 平均控制标准　　　　　　D. 弹性控制标准

二、多项选择题

1. 下列各项中，属于成本管理会计反映和监督内容的有
（　　　）
　　A. 利润的实际分配
　　B. 产品销售收入的实现
　　C. 各项期间费用的支出及归集过程
　　D. 各项生产费用的支出和产品生产成本的形成

2. 下列各项中，属于选择生产费用在完工产品与在产品之间分配的方法应考虑的因素有（　　　）。
　　A. 在产品数量的多少
　　B. 各月在产品数量变化的大小
　　C. 各项费用比重的大小
　　D. 定额管理基础的好坏

3. 下列各项中，属于企业发出材料可能借记的账户有
（　　　）。
　　A. "原材料"　　　　　　B. "生产成本"
　　C. "管理费用"　　　　　D. "材料成本差异"

4. 下列各项中，属于品种法适用范围的有（　　　）。
　　A. 大量大批单步骤生产
　　B. 管理上不要求分步骤计算产品成本的大量大批多步骤生产
　　C. 小批单件单步骤生产
　　D. 管理上不要求分步骤计算产品成本的小批单件多步骤生产

5. 下列各项中，关于作业成本法与传统成本计算法区别的表述，正确的有（　　　）。
　　A. 基本原理不同　　　　B. 适用企业类型不同
　　C. 间接成本处理方法不同　D. 成本信息结果存在差异

6. 下列各项中，关于变动成本法和完全成本法的表述，正

确的有（　　　　）。

    A. 在完全成本法下，全部成本都计入产品成本

    B. 在变动成本法提供的资料不能充分满足决策的需要

    C. 在变动成本法下，利润＝销售收入－销售成本－固定制造费用－销售和管理费用

    D. 在完全成本法下，各会计期发生的全部生产成本要在完工产品和在产品之间分配

7. 下列各项中，属于在全部产品成本表中反映的指标有（　　　　）。

    A. 全部产品的总成本　　　　B. 全部产品的单位成本

    C. 主要产品的总成本　　　　D. 主要产品的单位成本

8. 下列各项中，属于无关成本的范围有（　　　　）。

    A. 沉没成本　　　　　　　　B. 机会成本

    C. 联合成本　　　　　　　　D. 专属成本

9. 下列各项中，属于影响变动制造费用效率差异的原因有（　　　　）。

    A. 出勤率变化　　　　　　　B. 作业计划安排不当

    C. 加班或使用临时工　　　　D. 工人劳动情绪不佳

10. 下列各项中，属于企业事后成本审计的业务有（　　　　）。

    A. 成本计划审计

    B. 实物的盘存和鉴定

    C. 领用时会计凭证审计

    D. 报表及书面资料的检查

三、判断题

1. 成本是综合反映企业工作质量的重要指标。　　　　（　　　）

2. 采用在产品成本按年初固定数额计算的方法时，其基本点是：年内各月的在产品成本都按年初在产品成本计算。

（　　　）

3. 定额耗用量比例分配法的分配标准是单位产品的消耗

定额。 （　　）

4. 采用分批法计算产品成本，必须开设基本生产成本二级账。 （　　）

5. "作业消耗资源，产品消耗作业"是作业成本法的基本指导思想。 （　　）

6. 只有大量大批生产的企业才能采用定额法计算产品成本。 （　　）

7. 为保持一致性，同一企业不同时期应该始终编制相同的成本报表。 （　　）

8. 成本按习性可分为固定成本、变动成本和半变动成本三类。 （　　）

9. 定额成本法不仅是一种产品成本计算方法，还是一种产品成本控制方法。 （　　）

10. 市场价格是以产品或劳务的完全成本作为计价基础的。 （　　）

四、计算题

1. 某厂外购电力价格为 0.80 元/度，20××年 11 月基本生产车间共用 12 000 度，其中：生产用电 10 000 度，车间照明用电 2 000 度；厂部行政管理部门用电 4 000 度。基本生产车间生产甲、乙两种产品，甲产品的生产工时 2 000 小时，乙产品的生产工时 3 000 小时，产品生产所耗电费按生产工时比例分配，不考虑其他因素。

要求：

（1）分配计算各部门应负担的电费；

（2）分配计算基本生产车间各产品应负担的电费；

（3）计算基本生产车间照明用电应负担的电费；

（4）编制分配电费的会计分录。

2. 某工业企业采用简化的分批法计算乙产品各批产品成本。

（1）5 月份生产批号有：

1028 号：4 月份投产 10 件，5 月 20 日全部完工。

1029 号：4 月份投产 20 件，5 月完工 10 件。

1030 号：本月投产 9 件，尚未完工。

（2）各批号 5 月末累计原材料费用（原材料在生产开始时一次投入）和工时为：

1028 号：原材料费用 1 000 元，工时 100 小时。

1029 号：原材料费用 2 000 元，工时 200 小时。

1030 号：原材料费用 1 500 元，工时 100 小时。

（3）5 月末，该企业全部产品累计原材料费用 4 500 元，工时 400 小时，直接人工 2 000 元，制造费用 1 200 元。

（4）5 月末，完工产品工时 250 小时，其中 1 029 号 150 小时。

（5）不考虑其他因素。

要求：

（1）计算累计间接计入费用分配率；

（2）计算各批完工产品成本；

（3）编写完工产品入库会计分录。

3. 练习副产品成本的计算。

资料：某企业在生产甲产品的同时附带生产出 C 副产品，C 副产品分离后需进一步加工后才能出售。本月甲产品及其副产品共发生成本 300 000 元，其中直接材料占 50%、直接人工占 20%、制造费用占 30%。C 副产品进一步加工发生直接人工费用 4 000 元、制造费用 5 000 元。本月生产甲产品 5 000 千克，C 副产品 4 000 千克。C 副产品单位售价为 24 元，单位税金和利润合计为 4 元，不考虑其他因素。

要求：

（1）按副产品负担可归属成本，又负担分离前联合成本（售价减去销售税金和利润）的方法计算 C 副产品成本，填制完成副产品成本计算单；

（2）计算甲产品实际总成本和单位成本。

表1

副产品成本计算单

产品：C产品　　　　　　20××年5月　　　　　　产量：4 000千克

成本项目	分摊的联合成本	可归属成本	副产品总成本	副产品单位成本
直接人工				
直接材料				
制造费用				
合　计				

4. 已知：某企业只生产一种产品，全年最大生产能力为1 200件。年初已按100元/件的价格接受正常任务1 000件，该产品的单位完全生产成本为80元/件（其中，单位固定生产成本为25元）。现有一客户要求以70元/件的价格追加订货，不考虑其他因素。

要求：请考虑以下不相关情况，用差别损益分析法为企业做出是否接受低价追加订货的决策，并说明理由。

（1）剩余能力无法转移，追加订货量为200件，不追加专属成本；

（2）剩余能力无法转移，追加订货量为200件，但因有特殊要求，企业需追加1 000元专属成本；

（3）同（1），但剩余能力可用于对外出租，可获租金收入5 000元。

五、综合题

某企业生产甲产品，生产分两步进行：第一步骤为第二步骤提供半成品，第二步骤将其加工为产成品。材料在生产开始时一次投入，产成品和月末（广义）在产品之间分配费用的方法采用定额比例法，其中材料费用按定额材料费用比例分配，其他费用按定额工时比例分配。有关定额资料、月初在产品成本及本月发生的生产费用见各步骤产品成本计算单，不考虑其他因素。

要求：

（1）采用平行结转分步法计算甲产品成本（完成两个步骤产品成本计算单及产品成本汇总表的填制；并列出每一步骤各成本项目分配率的计算过程，分配率保留小数点后两位）；

（2）编制完工产成品入库分录。

解：（1）

表2　　　　　　　　　产品成本计算单

生产步骤：第一步骤　　　　20××年8月　　　　产品品种：甲产品

项目	直接材料		定额工时	直接人工	制造费用	合计
	定额	实际				
月初广义在产品成本	67 000	62 000	2 700	7 200	10 000	79 200
本月生产费用	98 000	89 500	6 300	11 700	11 600	112 800
本月生产费用合计		(1)		(2)	(3)	
分配率						
应计入产成品成本的份额	125 000		5 000			
月末广义在产品成本						

（1）直接材料分配率＝

（2）直接人工分配率＝

（3）制造费用分配率＝

表3　　　　　　　　　产品成本计算单

生产步骤：第二步骤　　20××年8月　　　　产品品种：甲产品

项目	直接材料		定额工时	直接人工	制造费用	合计
	定额	实际				
月初广义在产品成本			700	1 500	2 500	4 000
本月生产费用			10 900	27 500	29 980	57 480
本月生产费用合计						
分配率						
应计入产成品成本的份额			10 000			
月末广义在产品成本						

（1）直接人工分配率 =

（2）制造费用分配率 =

表 4 　　　　　　　　**产品成本汇总计算表**

产品品种：甲产品　　　　　　20××年 8 月　　　　　　　　单位：元

生产步骤	产成品数量（件）	直接材料	直接人工	制造费用	合计
第一步应计入产成品成本的份额					
第二步应计入产成品成本的份额					
总成本	500				
单位成本					

答案

一、单项选择题

题号	1	2	3	4	5	6	7	8	9	10
答案	C	D	D	C	C	D	C	D	C	B

二、多项选择题

题 号	1	2	3	4	5
答 案	CD	ABCD	BC	AB	ABCD
题 号	6	7	8	9	10
答 案	BCD	ABCD	AC	BD	BD

三、判断题

题号	1	2	3	4	5	6	7	8	9	10
答案	√	×	×	×	√	×	×	√	√	×

四、计算题

1. 解：

（1）基本车间应负担的电费＝12 000×0.8
＝9 600（元）

行政管理部门应负担的电费＝4 000×0.8＝3 200（元）

（2）基本车间产品生产应负担的电费＝10 000×0.8
＝8 000（元）

产品电费分配率＝8 000÷（2 000＋3 000）＝1.60（元/小时）

甲产品应负担的电费＝2 000×1.6＝3 200（元）

乙产品应负担的电费＝3 000×1.6＝4 800（元）

（3）基本车间照明应负担的电费＝2 000×0.8＝1 600（元）

（4）借：生产成本——基本生产成本——甲产品 3 200

——乙产品 4 800

制造费用——基本车间 1 600

管理费用——水电费 3 200

贷：应付账款——××供电部门 12 800

2. 解：

（1）累计间接计入费用分配率

直接人工＝2 000/400＝5

制造费用＝1 200/400＝3

（2）各批完工产品成本

1028 号：1 000＋100×（5＋3）＝1 800（元）

1029 号：（2 000/20）×10＋150×（5＋3）＝2 200（元）

（3）借：库存商品——乙产品 4 000

贷：生产成本——基本生产成本——1028 号批次

1 800

3. 解：

（1）副产品应负担的联合成本

＝4 000×（24-4）-（4 000＋5 000）

$$= 80\,000 - 9\,000$$

$$= 71\,000（元）$$

其中：

直接材料成本 $= 71\,000 \times 50\% = 35\,500$（元）

直接人工成本 $= 71\,000 \times 20\% = 14\,200$（元）

制造费用成本 $= 71\,000 \times 30\% = 21\,300$（元）

表5　　　　　　　　副产品成本计算单

产品：C产品　　　　　　20××年5月　　　　　　产量：4 000千克

成本项目	分摊的联合成本	可归属成本	副产品总成本	副产品单位成本
直接人工	35 500		35 500	8.875
直接材料	14 200	4 000	18 200	4.55
制造费用	21 300	5 000	26 300	6.575
合　计	71 000	9 000	80 000	20

（2）甲产品实际总成本 $= 300\,000 - 71\,000 = 229\,000$（元）

甲产品单位成本 $= 229\,000 \div 5\,000 = 45.8$（元/千克）

4. 解：（1）绝对剩余生产能力 $= 1\,200 - 1\,000 = 200$（件）

表6　　　　　　　　差别损益分析表　　　　　　单位：元

	接受追加订货	拒绝追加订货	差异额
相关收入	14 000	0	14 000
相关成本合计	11 000	0	11 000
其中：增量成本	11 000	0	
差　别　损　益			3 000

因为差别损益指标为 +3 000 元，所以应当接受此项追加订货，这可使企业多获得 3 000 元利润。

（2）差别损益分析表

表7　　　　　　　　　　　　　　　　　　　　　　单位：元

	接受追加订货	拒绝追加订货	差异额
相关收入	14 000	0	14 000
相关成本合计	12 000	0	12 000
其中：增量成本	11 000	0	
专属成本	1 000	0	
差　别　损　益			2 000

因为差别损益指标为2 000元，所以应当接受此项追加订货，这可使企业多获得2 000元利润。

（3）差别损益分析表

表8　　　　　　　　　　　　　　　　　　　　　　单位：元

	接受追加订货	拒绝追加订货	差异额
相关收入	14 000	0	14 000
相关成本合计	16 000	0	16 000
其中：增量成本	11 000	0	
机会成本	5 000	0	
差　别　损　益			-2 000

因为差别损益指标为-2 000元，所以应当拒绝此项追加订货，否则将使企业多损失2 000元利润。

五、综合题

解：

表9　　　　　　　　　产品成本计算单

生产步骤：第一步骤　　　　　20××年8月　　　　　产品品种：甲产品

项目	直接材料		定额工时	直接人工	制造费用	合计
	定额	实际				
月初在产品成本	67 000	62 000	2 700	7 200	10 000	79 200
本月生产费用	98 000	89 500	6 300	11 700	11 600	112 800
合计	165 000	151 500	9 000	18 900	21 600	192 000
分配率		0.92		2.1	2.4	
应计入产成品成本的份额	125 000	115 000	5 000	10 500	12 000	137 500
月末在产品成本	40 000	36 500	4 000	8 400	9 600	54 500

（1）直接材料分配率 = 151 500 ÷ 165 000 = 0.92

（2）直接人工分配率 = 18 900 ÷ 9 000 = 2.1

（3）制造费用分配率 = 21 600 ÷ 9 000 = 2.4

表10　　　　　　　　　产品成本计算单

生产步骤：第二步骤　　　　　20××年8月　　　　　产品品种：甲产品

项目	直接材料		定额工时	直接人工	制造费用	金额合计
	定额	实际				
月初在产品成本			700	1 500	2 500	4 000
本月生产费用			10 900	27 500	29 980	57 480
合计			11 600	29 000	32 480	61 480
分配率				2.5	2.8	
应计入产成品成本的份额			10 000	25 000	28 000	53 000
月末在产品成本			1 600	4 000	4 480	8 480

（1）直接人工分配率＝29 000÷11 600＝2.5

（2）制造费用分配率＝32 480÷11 600＝2.8

表 11　　　　　　　　**产品成本汇总计算表**

产品品种：甲产品　　　　　　20××年 8 月　　　　　　单位：元

生产步骤	完工产成品数量（件）	直接材料	直接人工	制造费用	合计
第一步…		115 000	10 500	12 000	137 500
第二步…			25 000	28 000	53 000
总成本	500	115 000	35 500	40 000	190 500
单位成本		230	71	80	381

（3）编制完工产成品入库分录

借：库存商品——甲产品　　　　　　　　　190 500

　　贷：生产成本——基本生产成本——第一步（甲产品）

　　　　　　　　　　　　　　　　　　　　137 500

　　　　　　　　　　　　——第二步（甲产品）

　　　　　　　　　　　　　　　　　　　　53 000

综合训练题五

试题

一、单项选择题

1. 下列各项中，属于企业产品制造成本费用的是（　　　）
   A. 直接人工　　　　　　　　B. 管理费用
   C. 销售费用　　　　　　　　D. 财务费用

2. 某产品经三道工序加工而成，各工序的工时定额分别为 10 小时、20 小时、20 小时，各工序在产品在本工序的加工程度为 50%，第三工序在产品全过程的完工程度正确的是（　　　）。
   A. 40%　　　　　　　　　　B. 50%
   C. 80%　　　　　　　　　　D. 100%

3. 辅助生产费用采用计划成本分配法进行分配时，为简化分配工作，将辅助生产成本的差异全部调整计入的账户正确的是（　　　）。
   A. "制造费用"　　　　　　　B. "生产费用"
   C. "辅助生产成本"　　　　　D. "管理费用"

4. 下列各项中，属于分批法适用的生产组织形式是（　　　）。
   A. 大量生产　　　　　　　　B. 成批生产

C. 单件小批生产　　　　　D. 大量大批生产

5. 下列各项中，关于作业成本法计算程序的表述，正确的是（　　）。

　　A. 资源 → 成本→产品　　B. 资源 →产品 →成本

　　C. 作业 →资源 →产品　　D. 资源→作业 →产品

6. 已知某企业只生产一种产品，本期完全成本法下期初存货成本中的固定制造费用为 3 000 元，期末存货成本中的固定制造费用为 1 000 元，按变动成本法确定的利润为 50 000 元，假定没有在产品存货。则按照完全成本法确定的本期利润正确的是（　　）。

　　A. 48 000 元　　　　　　B. 50 000 元

　　C. 51 000 元　　　　　　D. 52 000 元

7. 下列各项中，属于根据实际成本指标与不同时期的指标对比来揭示差异、分析差异产生原因的方法是（　　）。

　　A. 对比分析法　　　　　B. 差量分析法

　　C. 因素分析法　　　　　D. 相关分析法

8. 下列各项中，在经济决策中应由中选的最优方案负担的、按所放弃的次优方案潜在收益计算的资源损失是（　　）。

　　A. 增量成本　　　　　　B. 加工成本

　　C. 机会成本　　　　　　D. 专属成本

9. 下列各项中，关于固定制造费用效率差异的表述，正确的是（　　）。

　　A. 实际工时与标准工时之间的差异

　　B. 实际工时与预算工时之间的差异

　　C. 预算工时与标准工时之间的差异

　　D. 实际分配率与标准分配率之间的差异

10. 下列各项中，属于质量指标的是（　　）。

　　A. 产量　　　　　　　　B. 总成本

　　C. 生产费用　　　　　　D. 产品单位成本

二、多项选择题

1. 下列各项中，属于成本管理会计任务的有（　　　　）。

    A. 正确及时进行成本核算

    B. 制定目标成本，编制成本计划

    C. 分析和考核各项消费定额和成本计划的执行情况和结果

    D. 根据成本计划，相关定额和有关法规制度，控制各项成本费用

2. 下列各项中，属于完工产品与在产品之间分配费用的方法有（　　　　）。

    A. 约当产量比例分配法　　B. 交互分配法

    C. 固定成本计价法　　　　D. 定额比例法

3. 下列各项中，属于企业分配职工薪酬费用可能借记的账户有（　　　　）。

    A. "在建工程"　　　　　　B. "管理费用"

    C. "生产成本"　　　　　　D. "制造费用"

4. 逐步结转分步法下半成品成本的计算和结转时，下列各项中，可以采用的结转方式有（　　　　）。

    A. 综合结转　　　　　　　B. 逐步结转

    C. 分项结转　　　　　　　D. 平行结转

5. 下列各项中，关于作业成本法对间接成本按照成本动因进行分配具体步骤的表述，正确的有（　　　　）。

    A. 先按作业动因分配到产品

    B. 再按资源动因分配到作业

    C. 先按资源动因分配到作业

    D. 再按作业动因分配到产品

6. 在变动成本法下，下列各项中，属于期间成本的有（　　　　）。

    A. 直接材料　　　　　　　B. 管理费用

    C. 销售费用　　　　　　　D. 固定制造费用

7. 下列各项中，企业编制的成本报表时，还要编制的其他成本报表有（　　　）。

    A. 制造费用明细表   B. 财务费用明细表

    C. 管理费用明细表   D. 营业费用明细表

8. 下列各项中，属于短期成本决策分析的内容有（　　　）。

    A. 差量分析法   B. 总量分析法

    C. 相关成本分析法   D. 战略决策分析

9. 下列各项中，不属于变动制造费用价差的是（　　　）。

    A. 耗费差异   B. 效率差异

    C. 闲置差异   D. 能量差异

10. 下列各项中，属于成本报表检查的有（　　　）。

    A. 利润表   B. 产品成本表

    C. 制造费用明细表   D. 主要产品单位成本表

三、判断题

1. 成本管理会计应该具备策划、核算、控制、评价和报告等具体功能。（　　）

2. 企业设置了"生产费用"总账科目后，可以同时设置"生产成本"和"制造费用"总账科目。（　　）

3. 约当产量比例法只适用于薪酬费用和其他加工费用的分配，不适用原材料费用的分配。（　　）

4. 采用平行结转分步法，半成品成本的结转与半成品实物转移是一致的。（　　）

5. 作业成本法仅仅是一种改良的成本核算方法。（　　）

6. 成本按习性分类是变动成本法应用的前提条件。（　　）

7. 采用因素分析法进行成本分析时，各因素变动对经济指标影响程度的数额相加，应与该项经济指标实际数与基数的差额相等。（　　）

8. 在成本决策分析过程中，必须考虑一些非计量因素对决策的影响。（　　）

9. 成本控制是指为降低产品成本而进行的控制。 （　　）

10. 双重价格就是对买方责任中心和卖方责任中心分别采用不同的转移价格作为计价基础。 （　　）

四、计算题

1. 某产品各项消耗定额比较准确、稳定，各月在产品数量变化不大，月末在产品成本按定额成本计价。该产品月初和本月发生的生产费用合计：原材料费用 50 000 元，直接人工费用 10 000 元，制造费用 20 000 元。原材料于生产开始时一次投入，单位产品原材料费用定额为 40 元。完工产品产量 1 000 件，月末在产品 300 件，月末在产品定额工时共计 800 小时，每小时费用定额：直接人工费用为 10 元，制造费用为 5 元，不考虑其他因素。

要求：

（1）采用定额成本计价法分配计算月末在产品成本和完工产品成本；

（2）编制完工产品入库的会计分录。

2. 某制造厂生产甲、乙两种产品，有关资料如下：

（1）甲、乙两种产品 2015 年 1 月份之有关成本资料如下表所示：

表1

产品名称	甲	乙
产量	100	200
直接材料单位成本	50	80
直接人工单位成本	40	30

（2）月初甲产品在产品制造费用（作业成本）为 3 600 元，乙产品在产品制造费用（作业成本）为 4 600 元；月末在产品数量，甲产品为 40 件，乙产品为 60 件，总体完工率均为 50%；按照约当产量法在完工产品和在产品之间分配制造费用（作业成本），本月发生的制造费用（作业成本）总额为 50 000 元，

相关的作业有 4 个。有关资料如下表所示：

表 2

作业名称	质量检验	订单处理	机器运行	设备调整准备
成本动因	检验次数	生产订单份数	机器小时数	调整准备次数
作业成本	4 000	4 000	40 000	2 000
甲产品耗用作业量	5	30	200	6
乙产品耗用作业量	15	10	800	4

（3）不考虑其他因素。

要求：

（1）用作业成本法计算甲、乙两种产品的单位成本；

（2）以机器小时作为制造费用的分配标准，采用传统成本计算法计算甲、乙两种产品的单位成本。

3. 已知某企业常年生产需用的 A 部件以前一直从市场上采购。一般采购量在 5 000 件以下时，单价为 8 元；达到或超过 5 000 件时，单价为 7 元。如果追加投入 12 000 元专属成本，就可以自行制造该部件，预计单位变动成本为 5 元，不考虑其他因素。

要求：用成本无差别点法为企业做出自制或外购 A 零件的决策，并说明理由。

五、综合题

某企业生产 B 产品，经过二个生产步骤连续加工。第一步骤生产的半成品直接交给第二步骤加工，第二步骤将一件半成品加工为一件产成品，原材料投产时一次投入，其他费用在本步骤的完工程度按 50% 计算。采用约当产量法在完工产品和在产品之间分配各步骤的生产费用。

（1）产量记录见下表：

表3

项　目	第一步骤	第二步骤
月初在产品数量	6	48
本月投入数量	150	132
本月完工数量	132	150
月末在产品数量	24	30

（2）成本资料见各步骤产品成本计算单。

（3）不考虑其他因素。

要求：用平行结转分步法计算产品成本，并填列产品成本计算单及产品成本汇总表。

表4　　　　　　　　　　**产品成本计算单**

生产步骤：第一步骤　　　产品名称：B产品　　　完工量：150件

项　目	直接材料	直接人工	制造费用	合计
月初广义在产品成本	27 000	4 200	6 000	37 200
本月发生生产费用	64 800	15 000	17 040	96 840
合计				
分配率				
应计入产成品成本的份额				
月末广义在产品成本				

（1）直接材料费用分配率＝

（2）直接人工分配率＝

（3）制造费用分配率＝

表5　　　　　　　　　　**产品成本计算单**

生产步骤：第二步骤　　　产品名称：B产品　　　完工量：150件

项　目	直接材料	直接人工	制造费用	合计
月初在产品成本		5 100	6 600	11 700
本月发生生产费用		18 000	18 150	36 150
合计				

表5(续)

项　目	直接材料	直接人工	制造费用	合计
分配率				
应计入产成品成本的份额				
月末广义在产品成本				

（1）直接人工分配率 =

（2）制造费用分配率 =

表6　　　　　　　　　　**产品成本汇总表**

产品名称：B产品　　　　　　　　　　　　　　完工量：150件

项　目	直接材料	直接人工	制造费用	合计
第一步骤应计入产成品成本份额				
第二步骤应计入产成品成本份额				
B产品总成本				
B产品单位成本				

答案

一、单项选择题

题号	1	2	3	4	5	6	7	8	9	10
答案	A	C	D	C	D	A	A	C	A	D

二、多项选择题

题　号	1	2	3	4	5
答　案	ABCD	ACD	ABCD	AC	ACD
题　号	6	7	8	9	10
答　案	BCD	ABCD	ABC	BCD	BCD

三、判断题

题号	1	2	3	4	5	6	7	8	9	10
答案	√	×	×	×	×	√	√	√	×	√

四、计算题

1. 解：（1）在产品定额成本＝300×40 ＋ 800×10 ＋ 800×5

　　　　　　　　　　　　＝12 000 ＋ 8 000 ＋ 4 000

　　　　　　　　　　　　＝24 000（元）

完工产品成本＝（50 000－300×40）+（10 000－800×10）

　　　　　　　+（20 000－800×5）

　　　　　　＝38 000+2 000+16 000

　　　　　　＝56 000（元）

（2）编制完工产品入库的会计分录。

借：库存商品　　　　　　　　　　　　　　　56 000

　贷：生产成本——基本生产成本　　　　　　　　56 000

2. 解：（1）质量检验作业成本分配率＝4 000/（5+15）

　　　　　　　　　　　　　　　　＝200（元/次）

订单处理作业成本分配率＝4 000/（10+30）＝100（元/份）

机器运行作业成本分配率＝40 000/（200+800）

　　　　　　　　　　　＝40（元/小时）

调整准备作业成本分配率＝2 000/（6+4）＝200（元/次）

甲产品分配的本月发生的作业成本：

200×5+100×30+40×200+200×6＝13 200（元）

单位作业成本：

（13 200+3 600）/（100+40×50%）＝140（元/件）

单位成本：50+40+140＝230（元/件）

乙产品分配的本月发生的作业成本：

200×15+100×10+40×800+200×4＝36 800（元）

单位作业成本：

（36 800+4 600）/（200+60×50%）= 180 （元/件）

单位成本：80+30+180 = 290 （元/件）

（2）本月发生制造费用分配率：

50 000/（200+800）= 50 （元/小时）

甲产品分配的本月发生的制造费用：50×200 = 10 000 （元）

甲产品单位制造费用：

（10 000+3 600）/（100+40×50%）= 113.33 （元/件）

甲产品单位成本：50+40+113.33 = 203.33 （元/件）

乙产品分配的本月发生的制造费用：50×800 = 40 000 （元）

乙产品单位制造费用：

（40 000+4 600）/（200+60×50%）= 193.91 （元/件）

乙产品单位成本：80+30+193.91 = 303.91 （元/件）

3. 解：（1）采购量 < 5 000 件，假设成本无差别点业务量为 X

则 8X = 12 000+5X，解得 X = 4 000 （件）

采购量 < 4 000 件，应外购；

4 000 件 ≤ 采购量 < 5 000 件，应自制。

（2）采购量 ≥ 5 000 件，假设成本无差别点业务量为 Y

则 7Y = 12 000+5Y，解得 Y = 6 000 （件）

5 000 件 ≤ 采购量 < 6 000 件，应外购；

采购量 ≥ 6 000 件，应自制。

五、综合题

解答：

表7 　　　　　　　　　产品成本计算单

生产步骤：第一步骤　　　产品名称：B 产品　　　完工量：150 件

项目	直接材料	直接人工	制造费用	合计
月初在产品成本	27 000	4 200	6 000	37 200
本月发生生产费用	64 800	15 000	17 040	96 840
合计	91 800	19 200	23 040	134 040

项目	直接材料	直接人工	制造费用	合计
分配率	450	100	120	670
应计入产成品成本的份额	67 500	15 000	18 000	100 500
月末广义在产品成本	24 300	4 200	5 040	33 540

（1）直接材料费用分配率＝91 800÷（150+30+24）＝450

（2）直接人工分配率＝19 200÷（150+30+24×50%）＝100

（3）制造费用分配率＝23 040÷（150+30+24×50%）＝120

表8 产品成本计算单

生产步骤：第二步骤 产品名称：B产品 完工量：150件

项目	直接材料	直接人工	制造费用	合计
月初在产品成本		5 100	6 600	11 700
本月发生生产费用		18 000	18 150	36 150
合计		23 100	24 750	47 850
分配率		140	150	290
应计入产成品成本的份额		21 000	22 500	43 500
月末广义在产品成本		2 100	2 250	4 350

（1）直接人工分配率＝23 100÷（150+30×50%）＝140

（2）制造费用分配率＝24 750÷（150+30×50%）＝150

表9 产品成本汇总表

产品名称：B产品 完工量：150件

项目	直接材料	直接人工	制造费用	合计
第一步骤应计入产成品成本份额	67 500	15 000	18 000	100 500
第二步骤应计入产成品成本份额		21 000	22 500	43 500
B产成品总成本	67 500	36 000	40 500	144 000
B产成品单位成本	450	240	270	960

综合训练题六

试题

一、单项选择题

1. 下列各项中，属于企业产品综合要素成本的是（ ）
    A. 直接材料   B. 直接人工
    C. 其他直接支出   D. 制造费用

2. 如果原材料在生产开始时一次投入，月末在产品的投料程度正确的是（ ）。
    A. 0   B. 50%
    C. 60%   D. 100%

3. 某厂辅助生产的供电车间待分配费用 9 840 元，电的耗用情况是：辅助生产的供水车间耗用 5 640 度、基本生产车间耗用 38 760 度、行政管理部门耗用 4 800 度，共计 49 200 度。采用直接分配法，其费用分配率正确的是（ ）。
    A. 9 840÷（38 760+4 800）
    B. 9 840÷49 200
    C. 9 840÷（5 640+38 760）
    D. 9 840÷（5 640+4 800）

4. 下列各项中，属于品种法和分步法的共同点是（ ）

A. 适用范围   B. 成本计算方法

C. 成本计算对象   D. 成本计算周期

5. 下列各项中，不属于作业成本法应用的关键点是（   ）。

    A. 目标必须明确

    B. 赢得全面的支持

    C. 各级管理层分级指挥

    D. 作业成本模式的设计要完善

6. 下列各项中，关于产品成本的定额法适用范围的表述，正确的是（   ）。

    A. 与生产的类型没有直接关系

    B. 与生产的类型有直接的关系

    C. 只适用于小批单件生产的企业

    D. 只适用于大批大量生产的机械制造企业

7. 下列各项中，属于用本企业与国内外同行业之间的成本指标进行对比分析的方法是（   ）。

    A. 全面分析   B. 重点分析

    C. 纵向分析   D. 横向分析

8. 下列各项中，属于两方案成本无差别点业务量的是（   ）。

    A. 标准成本相等的业务量   B. 变动成本相等的业务量

    C. 固定成本相等的业务量   D. 总成本相等的业务量

9. 在成本差异分析时，下列各项中，属于变动制造费用效率差异类似的差异是（   ）。

    A. 直接人工效率差异   B. 直接材料价格差异

    C. 直接材料成本差异   D. 直接人工工资率差异

10. 某企业甲责任中心将 A 产品转让给乙责任中心时，厂内银行按 A 产品的单位市场售价向甲支付价款，同时按 A 产品的单位变动成本从乙收取价款。据此，可以认为该项内部交易采用的内部转移价格是（   ）。

    A. 市场价格   B. 协商价格

C. 成本转移价格　　　　D. 双重转移价格

二、多项选择题

1. 下列各项中，属于成本管理会计职能的有（　　　　）

    A. 成本策划　　　　　　B. 成本核算

    C. 成本控制　　　　　　D. 业绩评价

2. 下列各项中，属于在企业设置了"生产成本"总账科目的情况下，还可以设置的总账科目有（　　　　）。

    A. "基本生产成本"　　B. "制造费用"

    C. "废品损失"　　　　D. "生产费用"

3. 下列各项中，属于成本项目的有（　　　　）。

    A. 直接材料　　　　　　B. 直接人工

    C. 财务费用　　　　　　D. 管理费用

4. 下列各项中，可以或者应该采用分类法计算产品成本的有（　　　　）。

    A. 联产品

    B. 品种单一、产量大的产品

    C. 品种规格繁多，但可以按规定标准分类的产品

    D. 品种规格多，且数量少、费用比重小的一些零星产品

5. 下列各项中，关于作业成本法也存在局限性的表述，正确的有（　　　　）。

    A. 不是所有企业都适用作业成本法

    B. 对财会人员的素质要求高

    C. 采用作业成本法时要考虑其实施成本

    D. 作业成本法本身存在不完善

6. 在变动成本法中，下列各项中，属于产品成本的有（　　　　）。

    A. 直接材料费用　　　　B. 直接人工费用

    C. 固定制造费用　　　　D. 变动制造费用

7. 下列各项中，属于在实际工作中通常采用的成本分析方法有（　　　　）。

A. 比较分析法 B. 交互分析法

C. 约当产量分析法 D. 因素分析法

8. 下列各项中，属于生产经营相关成本的有（　　　　）。

A. 增量成本 B. 机会成本

C. 专属成本 D. 沉没成本

9. 下列各项中，属于按三因素分析法计算固定制造费用成本差异的有（　　　　）。

A. 耗费差异 B. 能量差异

C. 效率差异 D. 生产能力利用差异

10. 下列各项中，属于对领料单的检查应注意的事项有（　　　　）。

A. 领用的手续是否齐全

B. 领用的数量是否符合实际

C. 领料单上的材料是否为生产上所必须

D. 领料单有否涂改、材料分配是否合理

三、判断题

1. 单位固定成本随业务量的增加或减少而呈正比例变动。

（　　　）

2. 用于产品生产构成产品实体的原材料费用，应记入"生产成本"科目的借方。 （　　　）

3. 企业在生产多种产品时，生产工人的计时工资属于间接生产费用。 （　　　）

4. 分类法由于与企业生产类型的特点没有直接联系，因而只要具备条件，在任何生产类型企业都能用。 （　　　）

5. 计量和分配带有一定的主观性是作业成本法本身存在不完善的主要表现之一。 （　　　）

6. 在变动成本法下，本期利润不受期初、期末存货变动的影响；而在完全成本法下，本期利润受期初、期末存货变动的影响。 （　　　）

7. 在进行可比产品成本降低任务完成情况的分析时，产品产量因素的变动，只影响成本降低额，不影响成本降低率。
（　　）

8. 在相关范围内，边际成本与单位变动成本相等。（　　）

9. 材料用量不利差异必须由生产部门负责。（　　）

10. 实际成本加成是根据产品或劳务的实际变动成本，再加上一定的合理利润作为计价基础的。（　　）

四、计算题

1. 某公司全年制造费用计划为 200 000 元，1 月实际发生制造费用 25 000 元，有关资料如下：

表 1

项　目	A 产品	B 产品
产品计划产量	1 000 件	1 200 件
本月实际产量	100 件	150 件
单位产品工时定额	4 小时	5 小时

要求：采用计划分配率分配法分配 1 月份的制造费用。

2. 某企业甲产品生产分三个步骤，采用实际成本综合逐步结转分步法计算甲产品成本，第一步骤生产 A 半成品完工后直接交第二步骤继续加工，第二步骤生产 B 半成品直接交第三步骤加工为甲产品。还原前产成品成本及本月所产半成品成本资料见产成品成本还原计算表，不考虑其他因素。

要求：计算两步骤半成品还原分配率，填列产成品成本还原计算表（还原率要求保留小数点后四位）。

表 2　　　　产成品成本还原计算表　　　　单位：元

项　目	B 半成品	A 半成品	直接材料	直接人工	制造费用	合　计
还原前甲产品成本	1 035 793			220 000	165 000	1 420 793
本月所产 B 半成品成本		475 000		200 000	150 000	825 000

项　目	成本项目					
	B半成品	A半成品	直接材料	直接人工	制造费用	合　计
B半成品成本还原						
本月所产A半成品成本			250 000	125 000	100 000	475 000
A半成品成本还原						
还原后甲产品成本						

B半成品还原分配率 ＝

A半成品还原分配率＝

3. 某企业生产 20 件产品，耗用直接材料 100 元，直接人工 120 元，变动制造费用 80 元，固定制造费用 40 元。假设本期销售 18 件产品，期末库存产成品 2 件，没有在产品存货。该企业产品售价 25 元/件，变动销售及管理费用 3 元/件，固定销售及管理费用 50 元/月，不考虑其他因素。

要求：分别计算完全成本法和变动成本法下的产品总成本和单位成本、期末存货价值、利润，并说明两种方法计算的利润出现差异的原因。

4. 某企业本月固定制造费用的有关资料如下：

生产能力　　　　　　　　2 500 小时
实际耗用工时　　　　　　3 500 小时
实际产量的标准工时　　　3 200 小时
固定制造费用的实际数　　8 960 元
固定制造费用的预算数　　8 000 元

不考虑其他因素。

要求：

（1）根据所给资料计算固定制造费用的成本差异；

（2）采用三因素分析法计算固定制造费用的各种差异。

五、综合题

某企业生产 A、B、C 三种产品，所耗用的原材料和产品的生产工艺相同，因此归为一类产品，即甲类产品，采用分类法计算产品成本。200×年6月份有关成本计算资料如下：

（1）月初在产品成本和本月生产费用见下表：

表3　　　　月初在产品成本和本月生产费用表　　　　单位：元

项　目	直接材料	直接人工	制造费用	合计
月初在产品成本	18 400	16 340	57 340	92 080
本月生产费用	232 000	96 760	114 800	443 560

（2）各种产品本月产量资料和定额资料见下表：

表4　　　　各种产品本月产量资料和定额资料表

产品名称	本月实际产量	材料消耗定额	工时消耗定额
A	400	300	21
B	600	600	15
C	300	720	24

（3）B产品为标准产品；甲类产品采用月末在产品按固定成本计算法在完工产品与在产品之间进行分配。

（4）不考虑其他因素。

要求：

（1）完成甲类产品成本计算单。

表5　　　　　　　甲类产品成本计算单

200×年6月　　　　　　　单位：元

项　目	直接材料	直接人工	制造费用	合计
月初在产品成本	18 400	16 340	57 340	92 080
本月生产费用	232 000	96 760	114 800	443 560
生产费用合计				
本月完工产品总成本				
月末在产品成本				

（2）计算各种产品系数和本月总系数。

表6　　　　　　　　　甲类产品系数计算表

200×年6月　　　　　　　　　单位：元

产品名称	本月实际产量	材料消耗定额	材料系数	材料总系数	工时消耗定额	工时系数	工时总系数
A	400	300			21		
B	600	600			15		
C	300	720			24		
合计							

（3）采用系数分配法计算类内各种产品成本和单位成本，完成类内各种产品成本计算表。

表7　　　　　　　类内各种产品成本计算表

产品类别：甲类　　　　　200×年6月　　　　　单位：元

产品	本月实际产量	总系数		总成本				单位成本
		直接材料	加工费用	直接材料	直接人工	制造费用	成本合计	
分配率								
A	400							
B	600							
C	300							
合计								

答案

一、单项选择题

题号	1	2	3	4	5	6	7	8	9	10
答案	D	D	A	D	C	A	D	D	A	D

二、多项选择题

题　号	1	2	3	4	5
答　案	ABCD	BC	AB	ACD	ACD
题　号	6	7	8	9	10
答　案	ABD	AD	ABC	ACD	ABCD

三、判断题

题号	1	2	3	4	5	6	7	8	9	10
答案	×	√	×	√	√	×	√	√	×	×

四、计算题

1. 解：年度计划制造费用分配率

$= 200\ 000 ÷（1\ 000+1\ 200×5）= 20 （元/工时）$

A 产品 1 月分配的制造费用 $= 100×4×20 = 8\ 000 （元）$

B 产品 1 月分配的制造费用 $= 150×5×20 = 15\ 000 （元）$

2. 解：

表 8　　　　　　　　　　产成品成本还原计算表　　　　　　　单位：元

项　目	成本项目					
	B 半成品	A 半成品	直接材料	直接人工	制造费用	合　计
还原前甲产品成本	1 035 793			220 000	165 000	1 420 793
本月所产 B 半成品成本		475 000		200 000	150 000	825 000
B 半成品成本还原	-1 035 793	596 362.5		251 100	188 330.5	
本月所产 A 半成品成本			250 000	125 000	100 000	475 000
A 半成品成本还原		-596 362.5	313 875	156 937.5	125 550	
还原后甲产品成本			313 875	628 037.5	478 880.5	1 420 793

B 半成品还原分配率 $= 1\ 035\ 793/825\ 000 = 1.255\ 5$

A 半成品还原分配率 $= 596\ 362.5/475\ 000 = 1.255\ 5$

3. 解：

（1）计算产品总成本和单位成本

采用完全成本法：

产品总成本 = 100+120+80+40 = 340（元）

单位成本 = 340÷20 = 17（元）

采用变动成本法：

产品总成本 = 100+120+80 = 300（元）

单位成本 = 300÷20 = 15（元）

（2）计算期末存货价值

采用完全成本法：

期末存货价值 = 2×17 = 34（元）

采用变动成本法：

期末存货价值 = 2×15 = 30（元）

（3）计算利润

采用完全成本法：

表9　　　　　　　　　　　利润计算表

项　　目	金额（元）
销售收入（25元×18件）	450
减：销售成本（17元×18件）	306
毛利	144
减：销售及管理费用（3元×18件+50元）	104
利润	40

采用变动成本法：

表10　　　　　　　　　　　利润计算表

项　　目	金额（元）
销售收入（25元×18件）	450
减：销售成本（15元×18件）	270
边际贡献（制造）	180

表10（续）

项　　目	金额（元）
减：期间成本	
固定制造费用	40
销售与管理费用（3 元×18 件+50）	104
利润	36

两种成本计算方法确定的利润相差 4 元（40-36）。其原因是：由于本期产量大于销售量，期末存货增加了 2 件，2 件存货的成本包含了 4 元固定制造费用。在变动成本法下扣除的固定制造费用为 40 元（2×20），在完全成本法下扣除的固定制造费用为 36 元（2×18），所以利润相差 4 元。

4．解：

（1）固定制造费用标准分配率 = 8 000 ÷ 2 500 = 3.2

固定制造费用的成本差异 = 8 960-3 200×3.2 = -1 280（元）

（2）耗费差异 = 8 960-8 000 = 960（元）（不利差异）

生产能力利用差异 =（2 500-3 500）×3.2

　　　　　　　　 = -3 200（元）（有利差异）

效率差异 =（3 500-3 200）×3.2 = 960（元）（不利差异）

三项之和 = 960-3 200 + 960

　　　　 = -1 280（元）（固定制造费用的成本差异）

五、综合题

解：（1）完成甲类产品成本计算单。

表 11　　　　　　　　甲类产品成本计算单

200×年6月　　　　　　　　　单位：元

项　　目	直接材料	直接人工	制造费用	合计
月初在产品成本	18 400	16 340	57 340	92 080
本月生产费用	232 000	96 760	114 800	443 560

项　　目	直接材料	直接人工	制造费用	合计
生产费用合计	250 400	113 100	172 140	535 640
本月完工产品总成本	232 000	96 760	114 800	443 560
月末在产品成本	18 400	16 340	57 340	92 080

（2）计算各种产品系数和本月总系数。

表12　　　　　　　　甲类产品系数计算表

200×年6月　　　　　　　　单位：元

产品名称	本月实际产量	材料消耗定额	材料系数	材料总系数	工时消耗定额	工时系数	工时总系数
A	400	300	0.5	200	21	1.4	560
B	600	600	1	600	15	1	600
C	300	720	1.2	360	24	1.6	480
合计				1 160			1 640

（3）采用系数分配法计算类内各种产品成本和单位成本，完成类内各种产品成本计算表。

表13　　　　　　　　类内各种产品成本计算表

产品类别：甲类　　　　200×年6月　　　　　　　　单位：元

产品	本月实际产量	总系数		总成本				单位成本
		直接材料	加工费用	直接材料	直接人工	制造费用	成本合计	
分配率				200	59	70		
A	400	200	560	40 000	33 040	39 200	112 240	280.6
B	600	600	600	120 000	35 400	42 000	197 400	329
C	300	360	480	72 000	28 320	33 600	133 920	446.4
合计		1 160	1 640	232 000	96 760	114 800	443 560	

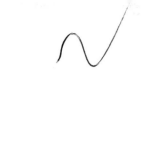